Graubünden

Rundwanderungen zu Reben und Gletschern

Inhaltsverzeichnis

Bearbeitung: **Hans Peter Gansner** und Rolf Fischer
Zeichnungen und Fotos: Hans Peter Gansner;
ausgenommen S. 43, 49, 62, 65, 69, 84 F. Casutt, Chur;
S. 83 Foto Feuerstein, Scuol; S. 27, 31, 35 Rolf Fischer, Embrach;
S. 74 Foto Furter, Davos; S. 20, 28, 38, 50 Foto Geiger, Flims;
S. 15, 17, 19 E. Zschaler, Chur.
Herausgeber: BAW – Bündner Wanderwege
© 1994 Kümmerly+Frey, Geographischer Verlag, Bern

W0173141

Kümmerly+Frey

Vorwort

Eine wichtige Aufgabe der Bündner Arbeitsgemeinschaft für Wanderwege (BAW) ist – neben den umfangreichen Massnahmen für die Erhaltung und den Ausbau des Wanderwegnetzes – die Information der Wanderer über die kaum überschaubaren Wandermöglichkeiten im Kanton Graubünden. Zuverlässige Wanderbücher können einen guten Teil des Informationsbedarfs decken und die Freude am Wandern noch erheblich steigern.

Die BAW als Herausgeberin freut sich daher, mit dem neuen Wanderbuch «Rundwanderungen Graubünden» einen weiteren guten Schritt in die richtige Richtung getan zu haben. Das Büchlein ist natürlich in erster Linie als praktisches Hilfsmittel für die Wanderer gedacht, es ist aber mit den Ausführungen zu den Regionen und zu den Kulturdenkmälern auch ein kleiner Spiegel des an Naturschönheiten und kulturellen Schätzen so reichen Gebirgskantons. Wer Zeit und Musse findet, den Routenbeschrieben und Hinweisen in der Natur nachzugehen, dürfte zu den glücklicheren Menschen gehören.

Die BAW dankt Hans Peter Gansner *für die kundige und sorgfältige Beschreibung der Wanderrouten. Der Autor des Wanderbuches hat einmal mehr seine Freude an der Aufgabe und seine langjährige Erfahrung für zahlreiche Wanderfreunde nützlich in die Tat umgesetzt. Einen wichtigen und verdankenswerten Beitrag leistete* Rolf Fischer, *indem er die Publikation mit seinen Ergänzungen zur Geographie, Geschichte und Kultur bereicherte. Der Wanderführer ist durch die erspriessliche Zusammenarbeit mit dem Geographischen Verlag* Kümmerly+Frey *zustande gekommen, dem die BAW ebenfalls zu Dank verpflichtet ist.*

Dr. Luzius Schmid, Präsident BAW

ALTER **T**ORKEL
**In diesem alten Torkel
in Jenins wurde früher
der Bündner Herrschäftler
gekeltert.**

DER FLESSPASS führt von Susch im Engadin durch das Val Fless und das Süsertal zum Berghaus Vereina und nach Klosters. Im Hintergrund der Piz Linard.

Einführung

Graubünden, der flächenmässig grösste Kanton der Eidgenossenschaft, erstreckt sich über Talschaften beidseits des Alpenkammes und somit über Landschaftstypen unterschiedlichster Art.

Unsere Wandervorschläge verteilen sich regelmässig über das ganze Kantonsgebiet, wobei jede Route eine für die Region typische Landschaft erschliesst.

Den grössten Teil der Wanderwege in Graubünden nehmen Passrouten und Höhenwege in Anspruch. Für Rundwanderungen im Rahmen eines Tagesausfluges eignen sich hauptsächlich einzelne attraktive Abschnitte der Höhenrouten, leicht zugängliche Aussichtsgipfel und alpine Seenlandschaften.

Um dem Wanderer lange Anmarschwege und Aufstiege zu ersparen, wurden wo immer möglich öffentliche Verkehrsmittel wie Postauto und Bergbahnen in die Routen einbezogen.

Neben leichten und mittelschweren Wanderungen finden sich auch einige anspruchsvollere Bergtouren unter den Vorschlägen.

Obwohl die Routen grösstenteils nach den Richtlinien der SAW signalisiert und markiert sind, empfiehlt es sich, auf Bergwanderungen die einschlägigen topographischen Karten zu benützen.

Ich danke allen meinen Mitarbeitern, die mich bei der Routenwahl und Routenführung beraten haben, besonders Rolf Fischer für die zusätzlichen Texte, Routenprofile und Marschzeitenberechnungen.

Unsere Vorschläge möchten dem Wanderer den Einstieg in das Labyrinth unseres vielgestaltigen Berglandes erleichtern.

H.P. Gansner

LÄRCHE IM VAL FLESS
Von der Flüelapassstrasse (Val Susasca) zweigt das einsame Val Fless ab, das zum Flesspass führt.

4

MEDERGEN
oberhalb Langwies ist
eines der zahlreichen
Maiensässe im Schanfigg.
Die Häuschen sind Stall-
scheunen mit angebautem
Wohnteil und dienen heute
zum Teil als Ferienhäuser.

Routenverzeichnis

Stationen des öffentlichen Verkehrs werden mit folgenden Symbolen vermerkt:

🚂 Bahnstation   🚡 Seilbahnstation   🪝 Sesselbahnstation
🚌 Bus- oder Poststation   🚠 Luftseilbahn- oder Gondelbahnstation

Legende zu den Routenprofilen:

🏘 Stadt oder Dorf mit Kirche   🏰 Schloss   🌲 Wald
🏠 Weiler   🏯 Ruine   ⚐ Denkmal
🏠 Einzelgebäude   🏠 Gasthaus   ✰ Aussichtspunkt

DIE BÜNDNER HERRSCHAFT

Der Abschnitt des Rheintals zwischen Landquart und St. Luzisteig mit den Ortschaften Malans, Jenins, Maienfeld und Fläsch ist – dank dem milden Klima – ein fruchtbarer Landstrich, in dem neben Obst ein vorzüglicher Wein gedeiht.

Durch den «Garten Graubündens»

Landquart–Malans–Jenins–St. Luzisteig–Fläsch–Maienfeld/Landquart

4h

Leichte Talwanderung durch das bekannte Weinbaugebiet der Bündner Herrschaft.

Fahrt mit Bahn und Postauto: Chur 🚆–Landquart
Maienfeld 🚌 🚆–Landquart
Fahrt mit Auto: N 13 bis Ausfahrt Landquart (Chur–Landquart 15 km)
Parkplatz: beim Bahnhof Landquart

*B*ÜNDNER *H*ERRSCHAFT. Die Drei Bünde haben 1509 die Herrschaft Maienfeld zusammen mit Fläsch von den Freiherren von Brandis käuflich erworben. Die Herrschaft Aspermont mit Jenins und Malans kauften sie 1536 dazu, setzten Vögte ein und nannten die ganze Erwerbung «Bündner Herrschaft». Unterdrückt waren die Gemeinden der Bündner Herrschaft eigentlich nie, hatten sie doch selbst zum Kauf beigetragen; ebenso waren sie Mitglied des Zehngerichtebundes. Darum stellten auch sie den Vogt, wenn sie an der Reihe waren. Als Grenzland zu Österreich und zu den Eidgenossen war die Bündner Herrschaft für die Drei Bünde strategisch ausserordentlich wichtig.

Vom Bahnhof **Landquart** führt ein Gehsteig der Eisenbahnbrücke über den Landquartfluss und der Bahnlinie entlang, die Strasse überquerend, zur Rohanschanze, erbaut durch die französischen Truppen unter Herzog Rohan 1631. Hier öffnet sich der Ausblick über das Rheintal nordwärts zum Schloss Sargans und zur St. Luzisteig. Unser Weg führt durch Baumgärten nach **Malans**, dem Winzerdorf mit seinen stolzen Bürgerhäusern. Wir folgen dem Strässchen bis zum Buchenwald am oberen Dorfrand. Von hier aus gelangen wir entlang des Strässchens oder des Fussweges nach **Jenins** in prachtvoller Aussichtslage oberhalb seiner ausgedehnten Rebareale. Bei der Kirche und dem Rathaus beginnt der schöne Höhenweg, der durch Wiesengelände, vorbei am Heididörfchen *Rofels*, zum Weiler Bovel und durch den «Steigwald» zur **St. Luzisteig** führt (Gasthof und altes Kirchlein). Noch vor der Passhöhe zweigt das Strässchen zum idyllischen Winzerdörflein **Fläsch** von der Hauptstrasse ab. Auf der linken Seite der Lochrüfe besteht auch ein Fussweg durch den Wald und über die Allmende zum Dorf.

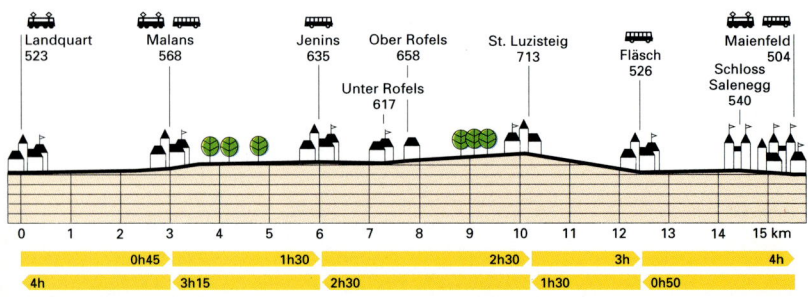

Landquart	Malans	Jenins	Ober Rofels	St. Luzisteig	Fläsch	Maienfeld
523	568	635	658	713	526	504

Unter Rofels 617

Schloss Salenegg 540

| 0 | 1 | 2 | 3 | 4 | 5 | 6 | 7 | 8 | 9 | 10 | 11 | 12 | 13 | 14 | 15 km |

0h45 — 1h30 — 2h30 — 3h — 4h

4h — 3h15 — 2h30 — 1h30 — 0h50

MAIENFELD

Das alte Städtchen mit Schloss, Resten der Ringmauern und bedeutenden Bürgerhäusern am Fusse des Falknis war einst römische Station an der grossen Heerstrasse über die St. Luzisteig.

Von Fläsch überschreiten wir die Lochrüfe auf der Strassenbrücke, verlassen aber das Fahrsträsschen sogleich und schlagen den Flurweg ein, der durch Wiesen und Weinberge südwärts zum ehrwürdigen Städtchen **Maienfeld** führt. Beim *Schloss Salenegg* an der Strasse zur St. Luzisteig betreten wir die «dritte Stadt am Rhein» und bewundern die prächtigen Patrizierhäuser. Wahrzeichen von Maienfeld ist das Schloss Brandis, dessen Ursprung ins 12. Jh. zurückreicht. Weithin ist der wuchtige, fünfstöckige Wohnturm sichtbar. Teilweise sind auch Reste der Stadtmauern noch zu erkennen.

Zurück nach Landquart gelangen wir mit der Bahn oder dem Postkurs, der vorhanden die Regionalzüge ersetzt.

Nebenroute zur «Heidialp» 2 h 45.
Von Rofels, das seit Johanna Spyris Heidigeschichte als «Heididörfchen» gilt, können wir anstatt zur St. Luzisteig auch zur «Heidialp», dem Ochsenberg (1183 m), hinaufsteigen, wo wir das Churer Rheintal in seiner ganzen Ausdehnung überschauen. Dazu benützen wir das neue Strässchen, das bei Rofels zum Ochsenberg abzweigt.
Für den Rückweg wählen wir den Weg über Vadella nach Jenins und weiter nach Maienfeld.

Von Chur über den Dreibündenstein

Chur/Brambrüesch–Dreibündenstein–Feldis–Chur　　　　　　**7h45**

Leichte Bergwanderung mit schönen Ausblicken auf das Churer Rheintal.

Fahrt mit Bahn: Chur 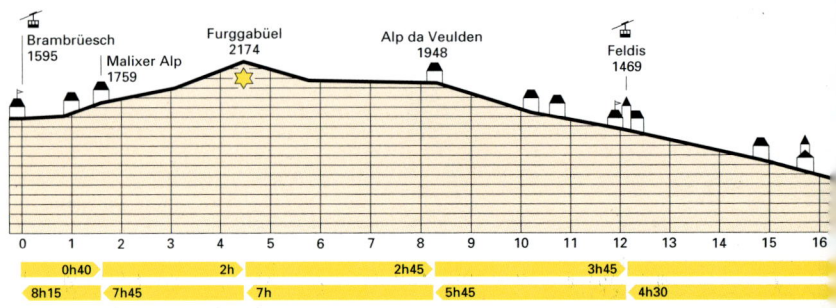 –Brambrüesch, Feldis –Rhäzüns
Fahrt mit Auto: N 13 bis Ausfahrt Chur-Süd
Parkplatz:　　　bei der Talstation der Bergbahn Chur–Brambrüesch

*C*HUR muss schon vor seiner erstmaligen Erwähnung im 3. Jh. bestanden haben. In römischer Zeit ist es 284 n.Chr. Verwaltungszentrum der Raetia prima geworden und 451 Sitz des mächtigsten Grundherrn des alten Graubündens, des Bischofs von Chur. Die bedeutendsten Sehenswürdigkeiten der Stadt Chur sind vor allem alte, zum Teil uralte Kirchen, behäbige und vornehme Häuser eines selbstbewussten Bürgertums vergangener Jahrhunderte, wehrhafte Türme, Zunfthäuser und reiche Sammlungen aus Geschichte und Kulturgeschichte des Landes. An Museen zu erwähnen sind das Bündner Natur-Museum, das Rätische Museum und das Bündner Kunstmuseum. Die alte Stadt mit dem Martinsplatz als Herz erfreut durch das Gesamtbild wie durch einzelne Züge.

Mit der Luftseilbahn erreichen wir die Wiesenterrasse von **Brambrüesch** am Fusse des Dreibündensteins. Zu diesem Ausgangspunkt gelangen wir auch von Malix aus entlang eines Strässchens über die Maiensässe in 1 h 15 (Postkurse Chur–Malix–Lenzerheide).
Vom Südrand der Ebene bei der Skiliftstation gelangen wir entweder dem Alpsträsschen oder dem Fussweg folgend zur **Malixer Alp** und zum Aussichtspunkt Spundisköpf auf einer Weidekuppe. Nun folgen wir dem markierten Pfad über den Weiderücken hinauf zum **Furggabüel.** Es handelt sich um die nördlichste Erhebung in der Stätzer-

Horn-Kette und deshalb um einen hervorragenden Aussichtspunkt. Westwärts reicht der Blick über die Ketten des Vorderrheintals hinweg bis zum Finsteraarhorn, nordwärts auf das Churer Rheintal und zur Rätikonkette.
Kurzer Abstecher zum Dreibündenstein. Hier grenzen die ehemaligen Gebiete des Grauen Bundes, des Gotteshaus- und des Zehngerichtebundes aneinander.
Unser nächstes Ziel ist das Dörfchen Feldis. Zunächst folgen wir den Viehweglein hinab zur Alp dil Plaun. Von hier aus bestehen zwei Routen – nördlich der Felskuppe Tgom Aulta zur **Alp da**

0	1	2	3	4	5	6	7	8	9	10	11	12	13	14	15	16

Brambrüesch 1595 · Malixer Alp 1759 · Furggabüel 2174 · Alp da Veulden 1948 · Feldis 1469

0h40		2h		2h45		3h45	

8h15	7h45		7h		5h45		4h30

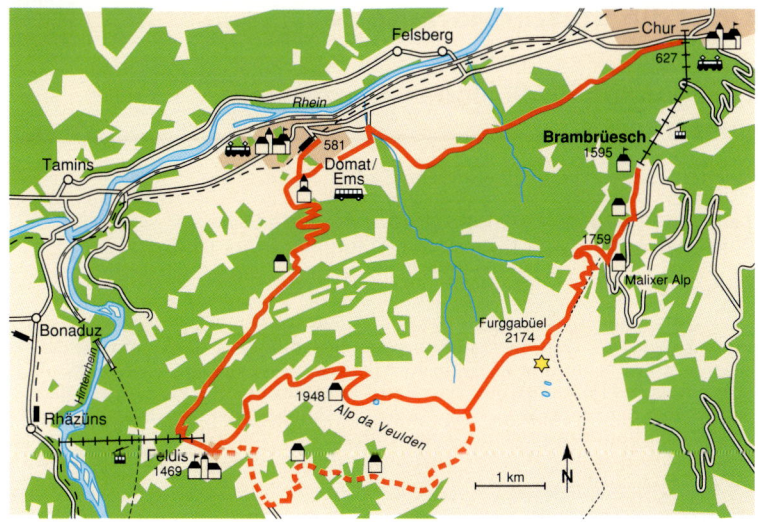

Veulden und dem Alpweg entlang zum Dorf oder südlich von der Alp dil Plaun über die Maiensässe von Scheid: Plaun dils Mats, Retga, Rumadetsch, zum Strässchen nach *Feldis,* rätoromanisch Veulden.

Das prachtvoll über dem Eingang zum Domleschg gelegene Dörfchen ist eine Sommerfrische, verfügt aber auch über ein Skigebiet. Ein schöner Waldweg führt über die Emser Maiensässe hinab nach *Domat/Ems.*

Zurück nach *Chur* empfiehlt sich der Wanderweg am Fusse des Dreibündensteins und des Pizoggel zum Rosenhügel und zur Talstation der Brambrüeschbahn.

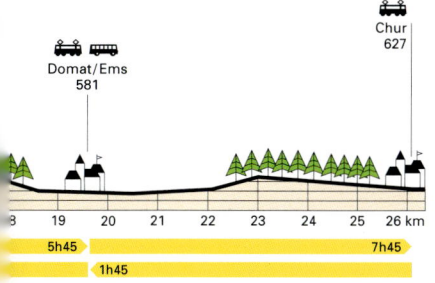

D REIBÜNDENSTEIN
Die sanfte Weidekuppe, Ausläufer der Stätzer-Horn-Kette, ist ein hervorragender Aussichtspunkt. Hier berührten sich seinerzeit die Territorien der drei Bünde des nachmaligen Graubünden. Zugänglich ist der Punkt von Chur, Malix und Feldis aus.

15

Über die Stätzer-Horn-Kette

Lenzerheide/Piz Scalottas–Stätzer Horn– Lenzerheide

4h45

Leichte Gratwanderung von Gipfel zu Gipfel.

Fahrt mit Postauto: Chur 🚌–Lenzerheide 🗹–Piz Scalottas
Fahrt mit Auto: N 13 bis Ausfahrt Chur-Süd–Lenzerheide
(Chur–Lenzerheide 17 km)
Parkplatz: bei der Sesselbahn Scalottas

LENZERHEIDE, während Jahrhunderten Maiensäss der Gemeinde Vaz/Obervaz, in deren Territorium sie heute noch liegt, entwickelte sich seit der Eröffnung des Kurhauses 1882 zum bekannten Kurort. Einst floss die Julia vom Oberhalbstein direkt über die Lenzerheide in die Gegend von Chur, bevor sie, zusammen mit der Albula, den Weg durch die Schinschlucht ins Domleschg nahm. Die Lenzerheide ist zu einem «Rumpftal» geworden, dessen Juwel ein See inmitten lieblicher Landschaft ist.

Vom Ferienort Lenzerheide aus benützen wir die beiden Sektionen des Sesselliftes Tgantieni bis hinauf zur Wasserscheide, dem Grat der Stätzer-Horn-Kette.
Dieser erste Gipfel, *Piz Scalottas,* ist bereits ein bemerkenswerter Aussichtspunkt, der uns das Panorama im Süden und Westen eröffnet, also die Gipfel des Oberengadins, die Bergwelt im Vorderrheingebiet, des Oberhalbsteins und Albulatals sowie das burgenreiche Domleschg.
Nun treten wir eine interessante Gratwanderung an, die uns nordwärts über die Stätzer-Horn-Kette führt. Zunächst besteigen wir den *Piz Danis* und erreichen über die Einsattelung zwischen den

Alpweiden Lavoz und Raschil dem Grat entlang aufsteigend das *Stätzer Horn,* einen hervorragenden Aussichtsberg, der bereits 1865 von Parpan her durch den Bau eines Weges erschlossen wurde. Erbauer waren die Mitglieder der Sektion Rätia des Schweizer Alpenclubs, Initiant der berühmte Bündner Naturforscher Gottfried Theobald (1810–1869), der den Berg vor allem in seinem Buch «Naturbilder aus den rätischen Alpen» als «Bündner Rigi» würdigte. Dank der vorgeschobenen Lage wird hier das Panorama des Piz Scalottas nach Norden ergänzt und gewährt den Tiefblick in die umliegenden Täler.
Problemlos ist der Abstieg zurück zum Sattel und zur *Alp Lavoz.* Von hier aus

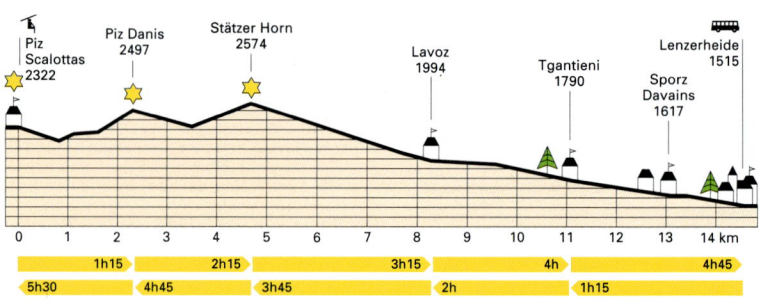

bestehen zwei Höhenwege in südlicher Richtung, der eine bis zur Sessellift-station **Tgantieni,** der andere, tiefer verlaufende bis zum Maiensäss *Sporz,* von wo aus man abseits des Strässchens nach **Lenzerheide** gelangt.

Variante Von den Maiensässen Sissi und Siglios am Höhenweg bestehen Abstiegsmöglichkeiten durch den Wald zum Lenzerheidsee und entlang seines Westufers zur Talstation der Sesselbahn (Lavoz–Talstation 1 h 30).

S TÄTZER HORN

Die sanft ansteigende westliche Talflanke der Lenzerheide ist bedeckt mit Waldpartien, Bergwiesen und Alpweiden bis zur Gratlinie. Die Kette zwischen Piz Scalottas und Stätzer Horn bildet die Wasserscheide zum Domleschg. Die nördlichste Erhebung, das Stätzer Horn, ist dank seiner vorgeschobenen Lage ein prachtvoller Aussichtspunkt, zu dem schon im letzten Jahrhundert von Valbella aus ein Fussweg erstellt wurde. Der Blick reicht von den Berner Alpen bis zu den Bergen der Surselva und dem Rätikon. Ein Wanderweg führt entlang dem Grat vom Scalottas bis zum Dreibündenstein.

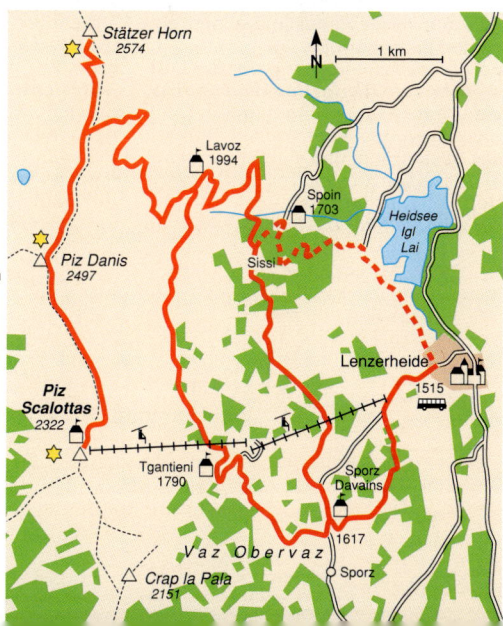

Arosa/Weisshorn–Prätsch–Ochsenalp–Tschiertschen/Chur

4h30

Der «klassische» Höhenweg im Schanfigg.

Fahrt mit Bahn und Postauto: Chur 🚂–Arosa 🚠 —Weisshorn
Tschiertschen 🚌–Chur
Fahrt mit Auto: N 13 bis Ausfahrt Chur-Nord
Parkplatz: Parkhäuser in Chur

*A*ROSA findet erstmals 1336 urkundlich als «Gut in Araus» Erwähnung. Es wurde von Walsern aus der Landschaft Davos besiedelt. Erst bei der Kreisteilung von 1851 wurde Arosa als selbständige politische Gemeinde zum Kreis Schanfigg geschlagen. Vom Ende des 19. Jh. an erlebte der Ort, dessen Bevölkerungszahl ständig zurückgegangen war, einen raschen Aufstieg zum bedeutenden Kur-, Ferien- und Sportort. Den alten Walserort dominiert das reformierte Kirchlein in Inner-Arosa. Jeden Sommer finden darin die Bergkirchlikonzerte statt. Ebenfalls in Innerarosa steht das Heimatmuseum Schanfigg, das «Egga-Huus», der einzige noch erhaltene Profanbau aus der Frühzeit der Besiedlung.

Allein schon die Fahrt von Chur nach Arosa ist ein landschaftlicher Genuss! Die Anlage der Bahnlinie, erstellt 1914, muss als bautechnisches Meisterwerk bezeichnet werden. Der spektakulärste der zahlreichen Kunstbauten ist wohl der Langwieser Viadukt mit seinem eleganten Betongerippe.

Von Arosa schweben wir mit der Luftseilbahn zum **Gipfel des Weisshorns**, wo unsere Wanderung beginnt. Doch zuvor bewundern wir von der Terrasse des Restaurants das herrliche Panorama, das einen grossen Teil der Gipfelflur Nordbündens umfasst.

Zur schönen Alp- und Seenterrasse von

Prätsch (Churer Alpen) bestehen zwei Abstiege: Vom Gipfel führt ein Pfad in nördlicher Richtung zur Sattelhütte und über Fuchs zum Oberen Prätschsee. In entgegengesetzter Richtung führt ein Weglein zum Carmännasattel. Von hier aus steigen wir in Richtung Arosa über die **Carmänna-Hütte** hinab zum Obersäss der Sattelalp und vorbei an der **Mittelstation der Luftseilbahn** bis oberhalb Maran, wo wir ebenfalls auf den Weg nach Prätsch stossen.

Hier nun beginnt die genussvolle Höhenwanderung über die Alpterrasse oberhalb der Waldgrenze mit dem hervorragenden Aussichtspunkt **Rot Tritt.**

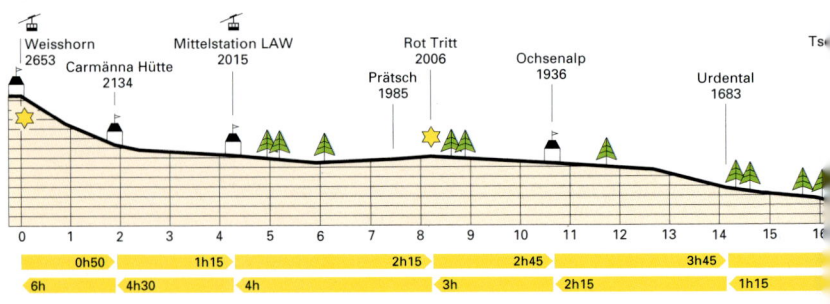

AROSER WEISSHORN

Von der geologischen Beschaffenheit der Aroser Bergwelt zeugen schon die Namen der umliegenden Gipfel: Weisshorn, Schwarzhorn, Rothorn und Erzhorn. Beim Weisshorn handelt es sich um eine ebenmässige Kalkpyramide, deren Gipfel 2600 m erreicht. Es zählt zu den bedeutendsten Aussichtsgipfeln Nordbündens. Von hier aus überblickt man das Plessurtal von Arosa bis zur Stadt Chur, das Churer Rheintal, die Bergwelt der Surselva, den Rätikon und die Davoser Berge. Zum Gipfel besteht eine Luftseilbahn von Arosa.

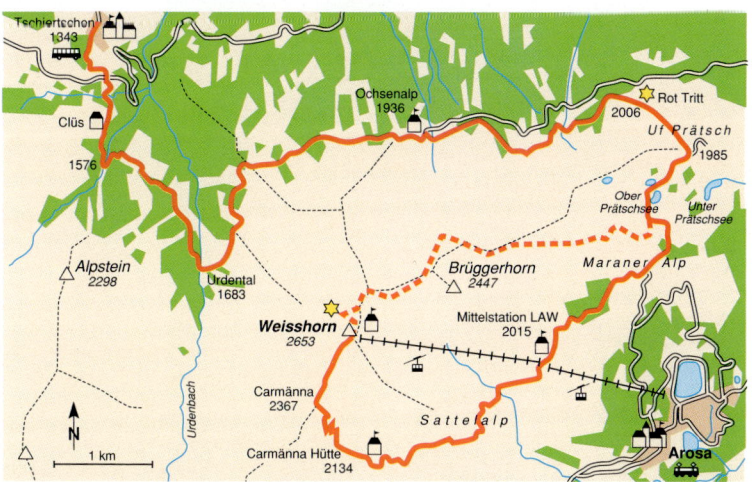

Weiter führt der Höhenweg zu den Hütten der **Ochsenalp** (Wirtschäftchen) und schliesslich zum Ausgang des **Urdentales** und zum Dörfchen **Tschiertschen,** wohin wir sowohl durch den Bleiswald als auch entlang des **Urdentälchens** gelangen.

Das auf einer aussichtsreichen Terrasse über dem Schanfigg gelegene Dörfchen ist ein beliebter Ferienort; von Tschiertschen aus benützen wir zur Rückfahrt nach Chur das Postauto.

Nebenroute

Vom Ausgang des Urdentales südöstlich von Tschiertschen führt ein Strässchen über Weiden und durch Wälder hinab zur Plessur und nach kurzem Anstieg vom Dörfchen Molinis zur gleichnamigen Station der Arosabahn. Rückfahrt nach Chur (1 h 30).

D IE LENZERHEIDE

Die Lenzerheide ist tektonisch ein Rumpftal, das früher einmal seine Fortsetzung im Oberhalbstein hatte. Das einstige Maiensässgebiet von Obervaz ist heute ein bedeutender Sommerferienort und ein Wintersportplatz. Seine Zierde ist der Lenzerheidsee.

Rundgang im Rätikon

St. Antönien–Partnunsee–Tilisunahütte–
Plasseggen–Partnun–St. Antönien   **7h**

Abwechslungsreiche Bergwanderung entlang der Landesgrenze.

Fahrt mit Bahn und Postauto: Chur 🚌–Landquart–Küblis 🚌–St. Antönien
Fahrt mit Auto: Chur–Landquart–Küblis–St. Antönien–Partnunstafel (55 km)
Parkplatz: am Strässchen St. Antönien–Partnunstafel (gebühren-
pflichtige Strecke)

*ST. A*NTÖNIEN ist ein typisches Beispiel einer Walsersiedlung mit locker
gestreuten Wohnstätten, die sich nur an wenigen Stellen, so besonders am Platz
(bei der Kirche), zu einem Dörfchen ansammeln. Der Stall ist meist an das
Wohnhaus angeschlossen, oft sogar unter dem gleichen Dach. Viele Häuser
weisen bergseitige Keile aus Stein oder Beton auf. Diese «Äbihöch» sollen
niederstürzende Lawinen teilen oder über die Hausdächer hinwegleiten.
Rätoromanische Ortsnamen deuten darauf hin, dass das Tal schon vor der
Walsereinwanderung im 14. Jh. besiedelt war.

Von der Post **St. Antönien** nach *Rüti*
und entweder entlang des Strässchens
oder dem Fussweg zur *Äbi* und dem
Bach entlang zum Partnunsee in einem
Gebirgskessel inmitten leuchtendweis-
ser Kalkwände. Vom Parkplatz *Partnunstafel* erreicht man auf leicht anstei-
gendem Pfad in nördlicher Richtung den
Partnunsee. Nun steigen wir durch die
Gruoben zwischen bizarr verwitterten
Felsbuckeln hinan bis zum *Tilisunafürggli* und überschreiten die Landesgrenze zur österreichischen **Tilisunahütte,** einem stattlichen Berghaus. Auf
dem Grund der ausgedehnten Alpmul-
de liegt der Tilisunasee.
Von hier folgen wir dem Pfad über Alpweiden nach Südosten bis zum *Gruo-
benpass.* Diesen überschreiten wir
nicht, sondern wandern in derselben
Richtung weiter über Weideland am
Ostfuss der Wiss Platten und der
Schijenfluh zum **Plasseggenpass,** der
Wasserscheide zwischen dem Vorarlberger Gampadelstal und dem St. An-
töniertal. Hier überschreiten wir die Landesgrenze zwischen der Schijenfluh und
dem Sarottlaspitz und durchwandern
das von Sümpfen durchsetzte Hochplateau von *Plasseggen.*
Bei der Engi, am Südrand des Hochpla-
teaus, wendet sich der Pfad nach Westen
und führt entlang des Tälibaches hinab
zum **Partnunstafel.** Die Kalkwände der

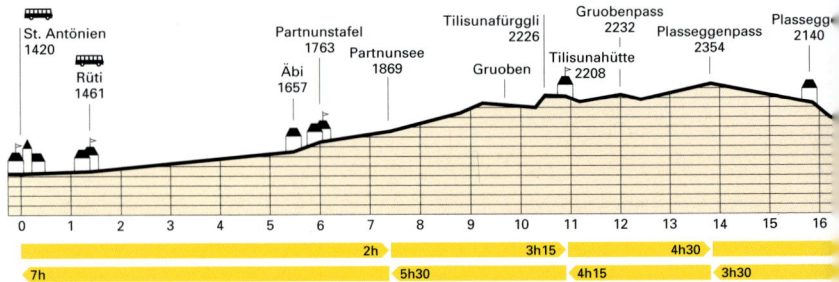

Flühe weisen zahlreiche Balmen (überhängende Felsen) und Höhlen auf. Die bekanntesten sind die Sulzfluhhöhlen westlich der Gruoben. Unterhalb der Engi, am Ausgang von Plasseggen, erkennen wir die sagenumwobene «Weberlisch Höli» und das «Diebesloch». Unweit Partnunstafel befindet sich das Bergrestaurant Sulzfluh. Nach **St. Antönien** zurück gelangen wir entlang des Strässchens talauswärts.

Variante

Kurz vor dem Partnunsee über die Wiesen von Partnunmeder empor zur Sulz und durch das Gemschtobel zum 2817 m hohen Gipfel der Sulzfluh. Rückweg über das Karrenfeld zur Tilisunahütte, anschliessend über das Tilisunafürggli zum Partnunsee und nach Partnunstafel. Die Sulzfluh ist ein hervorragender Aussichtsgipfel. Marschzeit für den Rundgang ab Partnunstafel 7 h.

*P*ARTNUN / *S*T. *A*NTÖNIEN

Der Aufstieg von Partnun zum Tilisunafürkli führt, vorbei am Partnunsee, durch ein Labyrinth bizarrer Gesteinformen, welche durch Verwitterung des Kalkes entstanden sind und an moderne Skulpturen erinnern. Ausgedehnte Karrenfelder findet man auch an der Nordflanke der Sulzfluh. Oberhalb der Gruoben befinden sich die schwer zugänglichen Sulzfluhhöhlen. Über das Tilisunafürggli gelangt man zur österreichischen Tilisunahütte.

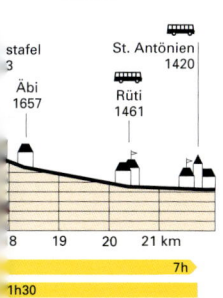

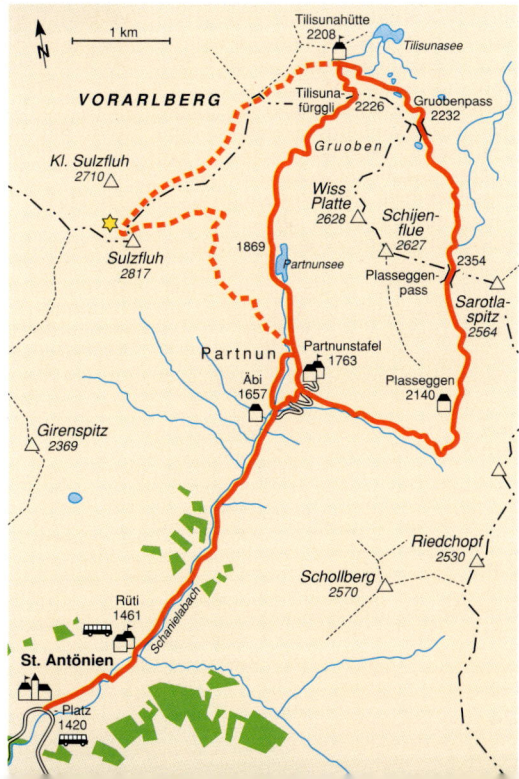

Durch die Bergwelt zwischen Klosters und Engadin

6

Klosters/Vereina–Jöriseen–Flesspass–Vereina   **5h30**

Bergwanderung durch einsame Täler und über zwei Pässe.

Fahrt mit Bahn und Kleinbus:
Chur 🚌–Landquart–Klosters 🚐 –Berghaus Vereina
Fahrt mit Auto: Chur–Landquart–Klosters (47 km)
Parkplatz: Nähe Hotel Vereina in Klosters

> **V**EREINA. Östlich von Klosters setzt sich das Tal der Landquart rückwärts fort bis zur Alp Novai. Dort verzweigen sich Vereina und Sardasca. Der Sardascabach wird gespeist von den Gletschern des Silvrettagebietes. Das Vereinatal verzweigt sich noch einmal in drei Nebentäler: das Vernela-, das Süser- und das Jörital. Den Hintergrund dieser Täler beherrschen die markanten Gipfel des Flüela-Wisshorns, des Piz Fless, der Plattenhörner und des Verstanclahorns.

Zum Ausgangspunkt, dem **Berghaus Vereina,** gelangen wir mit einem Kleinbus von Klosters aus (Platzreservation bei Gotschna-Sport, Alte Bahnhofstr. 5, 7250 Klosters, Tel. 081 69 11 97). Der Fussmarsch von Klosters bis zum Berghaus dauert 4 h (Übernachtungsmöglichkeit im Berghaus, Reservation unerlässlich, Tel. 081 69 12 16).
Unser Weg führt südwärts über Frömdvereina durchs Jörital zur grossartigen Arena der **Jöriseen** am Fusse des Flüela-Wisshorns. Zwei Übergänge bestehen westwärts zum Flüelatal. Wir wählen die Route, die von den Seen ostwärts über den Jöriflesspass zur **Alp Fless Dadaint** weiterführt. Das Val Fless mündet in das Val Susasca, ein Nebental des Engadins (talwärts gelangt

man zum Posthalt Röven an der Flüelastrasse oberhalb Susch).
Wir aber wenden uns nach Norden und wandern durch das Val Torta nordwärts bis zum **Flesspass.** Wir befinden uns hier inmitten einer grossartigen, urtümlichen Gebirgslandschaft. Ostwärts führt der Vereinapass zwischen Piz Fless und den Plattenhörnern durch das Val Sagliains ins Engadin. Aus dem Passausschnitt ragt die Felsbastion des Piz Linard hervor. Im Norden erheben sich die schartigen Unghürhörner, die ihren Namen zu Recht tragen! Einen Kontrast zu der Gesteinswüste des Val Torta und der Felsbastionen im Umkreis bilden die kleinen Seen auf der Höhe des Flesspasses.
Unsere Wanderung setzen wir in west-

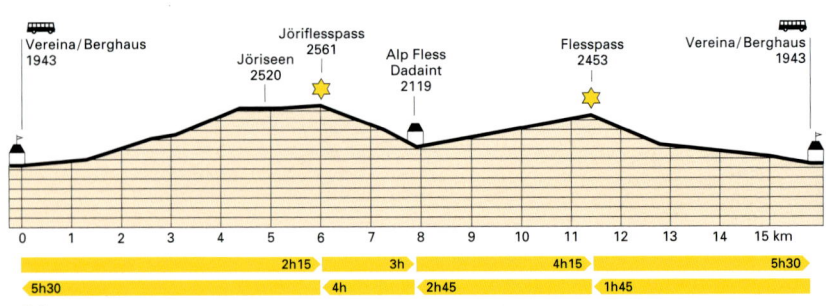

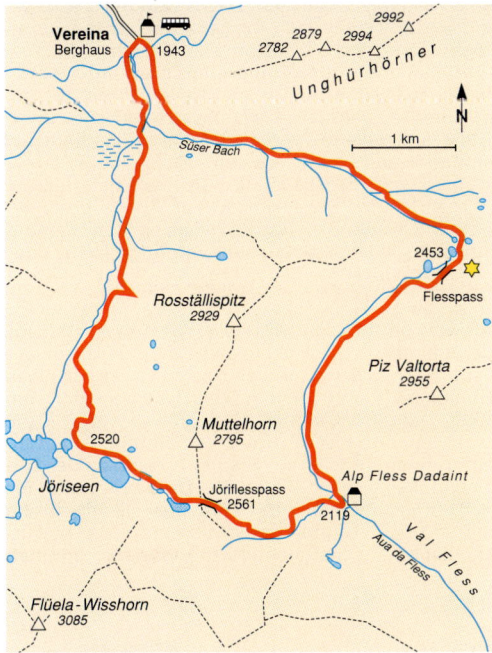

*J*ÖRISEEN UND *F*LÜELA-*W*ISSHORN

Im Hintergrund des Vereinatales bei Klosters führt der Weg durch das Jörital südwärts zu einer einzigartigen Seenlandschaft. Die Jöriseen liegen in einem weiträumigen Gebirgskessel am Fusse des Flüela-Wisshorns, das auf seiner Nordflanke ein Firnfeld trägt. Von den Jöriseen führen Übergänge sowohl ins benachbarte Flüelatal (Jöriflüelafurka) als auch ins Flesstal (Jöriflesspass). Der Gebirgskessel ist eine typische Moränenlandschaft, die der Jörigletscher zurückliess. Die Besteigung des Wisshorns von der Winterlücke her erfordert einige Bergerfahrung. Stützpunkt zu Touren im Jörigebiet ist das Berghaus Vereina.

licher Richtung fort, indem wir ins Süsertal gelangen, das seinen Namen nach dem Dorf Süs, rätoromanisch Susch, jenseits des Vereinapasses trägt. Über ausgedehnte Weiden, auf denen viele Pferde sömmern, gelangen wir zum Ausgangspunkt, dem **Berghaus Vereina.**

Mit dem Bus fahren wir zurück nach Klosters (auch Rückfahrt anmelden); zu Fuss würden wir Klosters in 3 h 15 erreichen.

Davos Platz/Strelapass–Gotschnagrat–Davos Dorf   **5h**

Der Panoramaweg zwischen Strelapass und dem Gotschnagrat zählt zu den schönsten Höhenwegen Graubündens.

Fahrt mit Bahn: Chur 🚂–Landquart–Davos Platz 🚠–Schatzalp 🚟–Strelapass
Fahrt mit Auto: Chur–Landquart–Davos Platz (57 km)
Parkplatz: Bahnhof Davos Platz, Postplatz, Parkhäuser

D AVOS. Die verstreuten Höfe der Walser bildeten die Grundlage für die späteren Siedlungen und die heutigen Fraktionen Davos Platz, Davos Dorf mit Dischma, Flüela, Laret, Frauenkirch mit Sertig, Glaris und Monstein. Der Aufstieg zum Höhenkurort nahm 1853 seinen Anfang und wurde durch den Bau der Kantonsstrasse in den Jahren 1834–1863 und die 1890 fertiggestellte Landquart- Davos-Bahn noch begünstigt. Wahrzeichen von Davos Platz ist die evangelische Kirche St. Johann mit ihrem grossen Turm aus dem Jahre 1481. Im spätgotischen Chor schuf Augusto Giacometti 1928 Fenster zum Thema «Paradies». Das Rathaus wurde 1559–1564 durch den damaligen Baumeister und Landschreiber Hans Ardüser erstellt. Bemerkenswert ist die «Grosse Stube»; die Saalfenster zieren wertvolle Wappenscheiben, mehrheitlich Schenkungen aus Anlass des Rathaus-Neubaus im Jahre 1564. Die Kirche St. Theodul in Davos Dorf stammt aus dem Jahre 1514. Im Turm ist noch der Altarraum der Vorgängerkirche vorhanden, einer kleinen Kapelle aus dem 14. Jh.

Es bestehen drei Bergbahnen, welche den Zugang zu dieser Paraderoute ermöglichen, die über 2000 m Höhe verläuft: Davos–Schatzalp–Strelapass, Davos–Parsenn–Weissfluhjoch und Klosters–Gotschnagrat.
Um die ganze Strecke im Rahmen einer Tagestour zurücklegen zu können, benützen wir vorerst von Davos Platz aus die Standseilbahn zur Schatzalp und die Gondelbahn zum **Strelapass.** Hier be-

finden wir uns auf der Wasserscheide zwischen Landwasser und Plessur. Die Aussicht weitet sich, wenn wir einen Abstecher auf das nahe Schiahorn unternehmen.
Unsere Höhenwanderung führt zunächst zur Station Höhenweg der Parsennbahn im **Dorftälli** und weiter ins **Meierhofer Tälli,** über die unwirtliche Totalp (Serpentinschutt) zur bewirtschafteten **Parsennhütte** inmitten

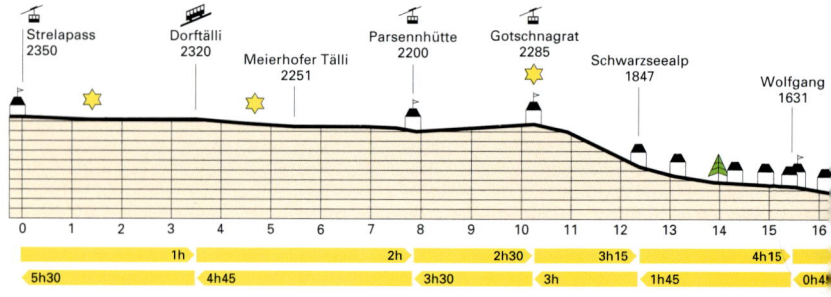

einer mächtigen Wintersportarena. Schliesslich wandern wir horizontal zum aussichtsreichen *Gotschnagrat,* der Bergstation der von Klosters heraufkommenden Gotschna-Parsenn-Bahn.

Die ganze Wegstrecke gewährt uns einen umfassenden Ausblick auf die Landschaft Davos mit dem Davosersee, auf die Seitentäler und die Gipfelflur vom Grialetsch- bis zum Silvrettamassiv. Vom Gotschnagrat aus öffnet sich der Blick nach Norden auf das Prättigau und die Rätikonkette.

Vom Gotschnagrat aus steigen wir über die *Schwarzseealp* hinab nach *Wolfgang* und erreichen *Davos Dorf* entlang des Seeweges oder mit der RhB von der Station Wolfgang aus.

Nebenrouten

a) Von der Station Höhenweg mit der Parsennbahn zum Weissfluhjoch (evtl. Abstecher zum Weissfluhgipfel) und Abstieg über die Totalp zur Parsennhütte (1 h).

b) Fahrt mit der Luftseilbahn vom Gotschnagrat nach Klosters und zurück nach Davos mit der RhB.

PARSENNBAHN
Den Weg vom Höhenkurort Davos zum Sport- und Ferienort haben die Bergbahnen entscheidend mitbestimmt. Die 1931/32 eröffnete Standseilbahn zum Weissfluhjoch erschliesst das weltweit bekannte Ski- und Wandergebiet Parsenn. Zusammen mit den benachbarten Bergbahnen wurde der aussichtsreiche Höhenweg angelegt, der seit 1968 Panoramaweg genannt wird.

SPLÜGEN
Die alte Mühle und die
Holzhäuser am Susten-
bach, die Tobelbrücke,
über welche die alte
Strasse zum ehemaligen
Zentrum des Säumer-
ortes führt, sowie die
dominierenden Stein-
bauten Schorsch-
Albertini bieten einen
prächtigen Anblick.

Bergün/Chants–Fuorcla Funtana–
Sella da Ravais-ch–Chants — **5h15**

Abwechslungsreiche Bergwanderung durch einsame Täler.

Fahrt mit Bahn und Postauto: Chur 🚂–Bergün 🚌 –Tuors Chants
Fahrt mit Auto: Chur–Thusis–Filisur–Bergün (55 km)
Parkplatz: in Bergün mehrere öffentliche Parkplätze

BERGÜN. Die oberste ganzjährig bewohnte Stufe des Albulatales wird vom behäbigen Dorf Bergün beherrscht, das im Dreieck zwischen der Ava da Tuors und der Albula auf einem Felssitz reitet. Das Dorf hat den Charakter eines Engadinerdorfes; die meisten Häuser weisen diesen Stil auf. Bergün wurde auch sprachlich und kulturell von jenseits des Albulapasses beeinflusst. Markanter Punkt im Dorf ist der dicke Platzturm mit einer flachen Barockhaube, «la tuér». Das Bauwerk, das über 2 m dicke Mauern aufweist, soll nach der Überlieferung aus der Römerzeit stammen, wurde aber wohl erst im 12. Jh. erbaut als Sitz einer Meierei. Lange Zeit profitierte Bergün vom Eisenerzbergbau und vom Verkehr über den Albulapass, besonders nachdem 1696 der Bergünerstein durchbrochen worden war.

Zwischen Bergün und Chants besteht neben dem Fahrsträsschen ein Wanderweg am linken Ufer der Ava da Tuors. Die Marschzeit beträgt bergwärts 2 h 30 und talwärts 2 h.
Übernachtungsmöglichkeit besteht im Berghaus Chants. Das Postauto fährt etwa von Anfang Juli bis Ende August; Vorausbestellung der Plätze ist unerlässlich: Tel. 081 73 11 91.
Vom Bergrestaurant *Chants* im Hintergrund des Val Tuors steigen wir zur Einmündung des Val Plazbi hinauf und folgen dem Pfad über *Schegvel* zur Keschhütte (Chamanna digl Kesch) auf

der *Fuorcla da Funtana.* Wir befinden uns hier am Rande der Endmoräne des Porchabellagletschers. Über diesem erhebt sich das mächtige Massiv mit Keschnadel und Piz Kesch. Von hier aus führt eine alpine Route über den Gletscher und die Porta d'Es-cha zur Clubhütte Chamanna d'Es-cha auf der Engadinerseite.
Wir wenden uns nach Norden und durchwandern das einsame Val dal Tschüvel. Wo die Route zur Alp Funtauna und durch das Val Susauna ins Engadin abzweigt, behalten wir die Höhe bei und erreichen nordwärts durch das *Val*

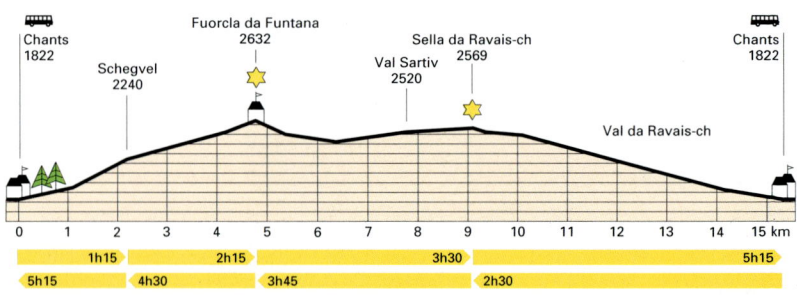

0	1	2	3	4	5	6	7	8	9	10	11	12	13	14	15 km

Chants 1822 · Schegvel 2240 · Fuorcla da Funtana 2632 · Val Sartiv 2520 · Sella da Ravais-ch 2569 · Val da Ravais-ch · Chants 1822

1h15	2h15	3h30	5h15

5h15	4h30	3h45	2h30

Sartiv die Seenlandschaft **Sella da Ravais-ch.** Wir befinden uns in einem Labyrinth von Gebirgsrouten, die nach allen Richtungen ausstrahlen: über den Scalettapass ins Dischmatal, über den Sertigpass ins Sertigtal und durchs Ravais-ch-Tal nach Bergün. Im Nordwesten erhebt sich die markante Ducankette. An deren Fuss durchwandern wir schliesslich das *Val da Ravais-ch* in südwestlicher Richtung und gelangen zum Ausgangspunkt **Chants.** Mit dem Postauto fahren wir nach Bergün zurück.

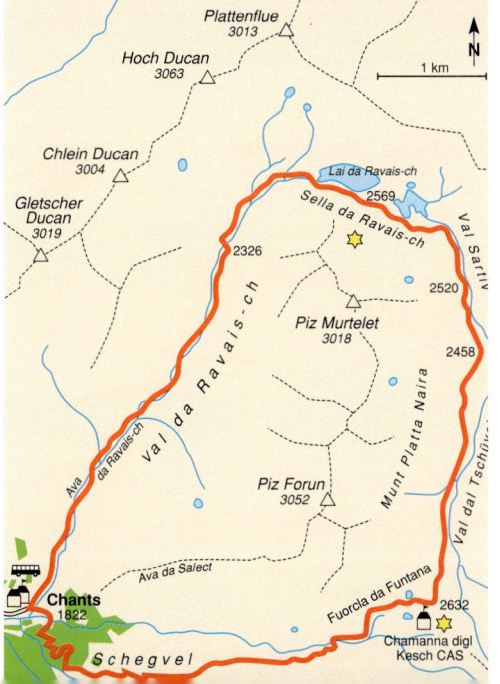

SELLA DA RAVAIS-CH

Woher man auch zu der Seenplatte von Ravais-ch gelangt, ob vom Albulatal, aus dem Engadin oder von Davos – der Weg in diese Einsamkeit ist lang. Sicher lohnt sich der Aufstieg zu diesen lieblich gelegenen Seen, überragt vom Piz Murtelet und der eindrücklichen Ducangruppe aus grauem Dolomit. Der Aufstieg von Bergün über Chants und Sella da Ravais-ch zum Sertigpass ist Teil des 67 km langen Swiss Alpine Marathon. Oft begegnet darum der Wanderer trainierenden Athleten.

31

Die Ela-Rundtour

Preda–Pass d'Ela–Elahütte–Filisur   **8h15**

Anspruchsvolle Bergtour mit 1800 m Höhendifferenz.

Fahrt mit Bahn: Chur 🚃–Preda
Fahrt mit Auto: Chur–Thusis–Filisur–Preda (62 km)
Parkplatz: Station Preda

PREDA, einst ein Maiensäss, erlebte mit dem Baubeginn des Albulatunnels im Jahre 1898 einen ungeahnten Aufschwung. Es entstanden zahlreiche Unterkunftsbaracken, ein Kindergarten und ein kleines Spital. Auch der Bau des Hotels «Preda-Kulm» wurde in jener Zeit erstellt. Mit der Aufnahme des Bahnbetriebes 1904 sank diese Arbeitersiedlung wieder zur Bedeutungslosigkeit ab; Preda ist seither aber ganzjährig bewohnt.

Von der Station **Preda** der RhB überschreiten wir zunächst die junge Albula. Beim malerischen Sommerdörfchen **Naz** steigen wir das steile, bewaldete Nebentälchen Val Mulix hinan, dann, rechts abzweigend, das *Val Tschitta* empor bis zur Einsattelung der **Fuorcla da Tschitta.** Wir befinden uns innerhalb einer imposanten Gebirgslandschaft, der Bergünerstöcke. Unmittelbar über uns erheben sich die mächtigen Kalkmauern des Piz Ela. Im Osten öffnet sich der Blick über die Landschaft des Albulapasses ins Engadin. Die Furka überschreitend, durchwandern wir das Seenplateau der *Laiets.*

Nun wenden wir uns nach Norden und steigen eine Schutthalde empor zum **Pass d'Ela.** Hier lohnt es sich zu verweilen. Von hier aus führen Wege durch das Val Spadlatscha nach Filisur und durch das Val d'Err ins Oberhalbstein. Uns gegenüber streben die gewaltigen Felspfeiler des Tinzenhorns empor. An dessen Fuss führt der Orgelpass ins Oberhalbstein hinüber. Seine Bezeichnung verdankt er den bizarren Felstürmen, die an eine Reihe von Orgelpfeifen mahnen. Nun steigen wir nordwärts hinab in den Felszirkus, der umragt wird von den Zinnen des Piz Ela, des Tinzenhorns und des Piz Spadlatscha. Hier, am Ausgang der Arena, liegt die **Elahütte SAC.** Die Fortsetzung unserer Wanderung führt nordwärts durch das landschaftlich reizvolle Tälchen Val Spadlatscha, über Alpweiden, Maiensässe und durch Wälder zu der Wiesenterrasse von **Cloters** und Sela, schliesslich in die Talsohle nach **Filisur.**

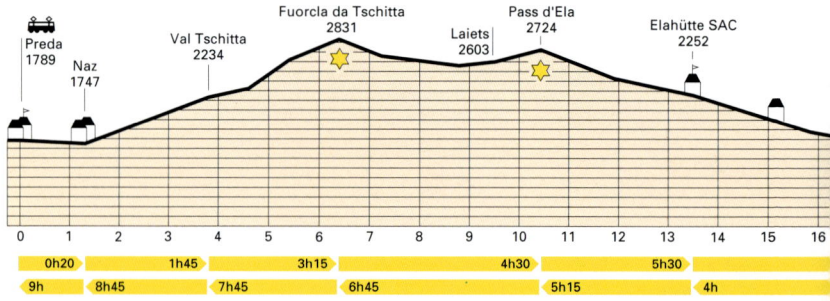

Wir überschreiten die Albula und begeben uns zum Bahnhof oberhalb des Dorfes. Mit der RhB fahren wir zurück nach Preda.

Nebenroute

Um von der Elahütte nach Bergün zu gelangen, überschreiten wir bei Uglix den nördlichen Ausläufer des Piz Spadlatscha, einen sanften Weiderücken. Doch bevor wir ins Tal hinabsteigen, besuchen wir die nahe Erhebung im Grat, das Chavagliet (Rösslein), einen grossartigen Aussichtspunkt, der dank seiner vorgeschobenen Lage einen umfassenden Blick auf die Gipfelflur zwischen Albulatal und Engadin bietet. Der Abstieg erfolgt über die Alpweiden von Uglix, dann durch den Wald bis Bergün. Mit der RhB gelangen wir zurück zu unserem Ausgangspunkt Preda (3 h).

*P*ALPUOGNASEE UND *P*IZ *E*LA

Die höchste Erhebung der «Bergünerstöcke» ist der weithin sichtbare Piz Ela, ein mächtiger Dom aus Hauptdolomit mit einigen Vergletscherungen. Am eindrücklichsten präsentiert sich der stolze Gipfel von der Albula-Passstrasse oberhalb Preda und Weissenstein. Hier liegt auch der idyllische Palpuognasee, umrahmt von lichtem Lärchenwald. Er ist heute Naturreservat.

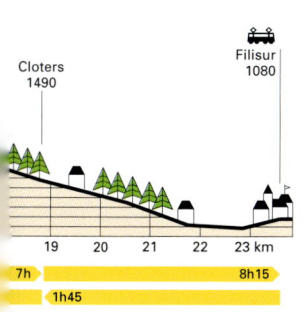

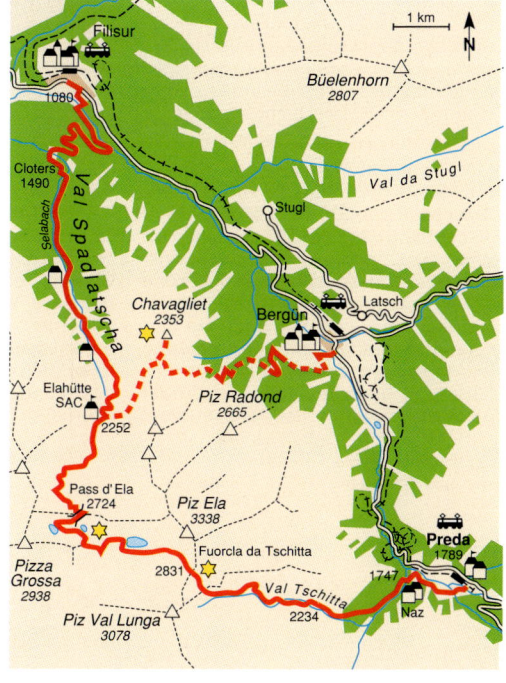

33

Monstein Station–Monstein–Jenisberg–Filisur   **4h**

Gemütliche Höhen- und Talwanderung.

Fahrt mit Bahn: Chur 🚂–Filisur–Monstein Station
Fahrt mit Auto: Chur–Thusis–Filisur (47 km)
Parkplatz: Bahnhof Filisur

*S*ILBERBERG. In der Nähe der Station Monstein steht das Verwaltungsgebäude der historischen Bergwerksgesellschaft auf dem Schmelzboden; in ihm ist ein Bergbaumuseum eingerichtet. Der Silberberg war einst das Reich der Bergrichter, die unter unmittelbarer Hoheit der Erzherzöge von Österreich den Bergbau betrieben. Der Inneralp- und der Monsteinerbach wurden im 16. Jh. als Grenze zwischen dem Hochgericht von Davos und dem Silberberg bezeichnet, der seine eigene Gerichtsbarkeit hatte. Das Regiment der Bergrichter dauerte von 1513 bis 1648, bis zum Loskauf des Gebietes von Österreich. Da die Davoser kein Geld und keine Fachkenntnisse zur Ausbeutung der Erze hatten, gerieten die Gruben in Verfall. Im 17. Jh. wurden zwar noch zwei Versuche zur Ausbeutung unternommen, aber auch weitere Versuche im 19. Jh., den Betrieb wiederaufzunehmen, scheiterten. Gewonnen wurden Zinkblende und Bleiglanz; der Silbergehalt ist so gering, dass sich ein Abbau sicher nie gelohnt hat. Der Name Silberberg stammt aus vorgeschichtlicher Zeit.

Von Filisur aus gelangen wir mit der RhB durch die «Zügen» zur **Station Monstein.** Zum Dörflein **Monstein** zu Fuss entlang des alten Strässchens. Das schmucke Dörfchen liegt auf einer Wiesenterrasse über der Zügenschlucht und ist eine Fraktion der Gemeinde Davos, allerdings mit eigenem Kirchlein und eigenem Schulhaus. Im Unterschied zu den typischen Streusiedlungen des Tales sind hier die Wohnstätten und Ställe zusammengerückt, weisen aber

die walserische Bauart auf. Über die Fanezfurgga besteht ein alter Übergang ins Stulsertal und nach Bergün.
Unser Höhenweg nimmt seinen Anfang am oberen Dorfrand und überquert den Oberalp- und Inneralpbach. Es folgen grössere Waldpartien oberhalb des Silberberges. Bevor man die Waldlichtung «Löser» betritt, erkennt man unterhalb des Weges bei Brombänz die Ruine des Knappenhauses und die Stollen des ehemaligen Bergwerkes. Nach einer

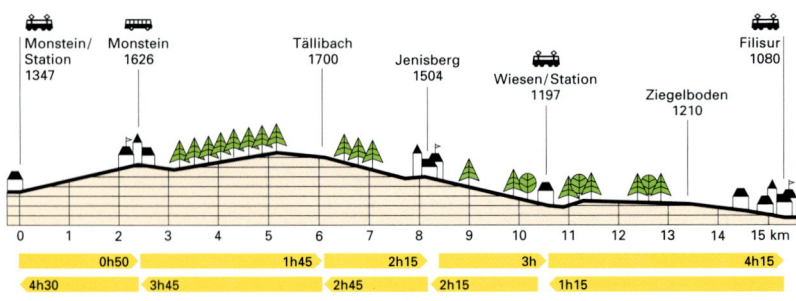

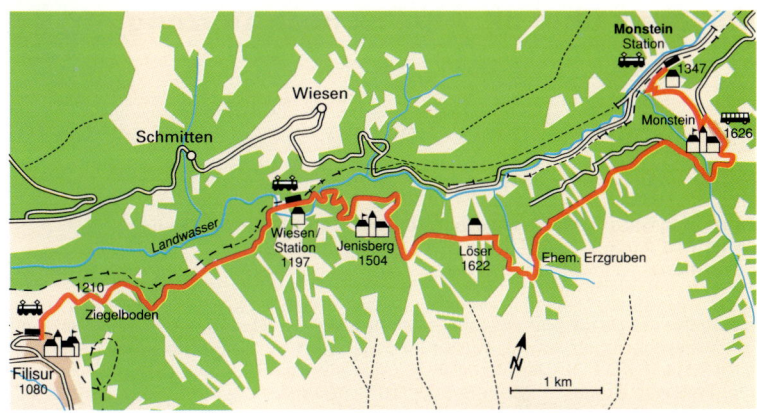

*W*IESENER *V*IADUKT

Nachdem Davos 20 Jahre lang Endstation der Rhätischen Bahn gewesen war, konnte am 1. Juli 1909 der Schienenstrang nach Filisur eingeweiht werden. Unter den zahlreichen Kunstbauten ist der Wiesener Viadukt das markanteste Bauwerk dieser Strecke, wird aber trotz seiner Ausmasse nicht als Fremdkörper in der Landschaft empfunden. Der insgesamt 210 m lange Viadukt mit einem Hauptbogen von 55 m Weite wurde in den Jahren 1906/08 erbaut und vom bekannten Brückenbauer Hans Studer berechnet. Für das zum Bau benötigte Holzgerüst wurden in der Nähe Tannen in der Gesamtlänge von 8100 m gefällt. Seit der Elektrifizierung im Jahre 1919 verkehren Dampfzüge nur noch selten auf dieser Strecke.

weiterer Waldpartie quert man das Chüetobel und betritt den Weiler *Jenisberg* auf einer kleinen Wiesenterrasse über der Schlucht. Auf der gegenüberliegenden Talseite erkennt man den kleinen Kurort Wiesen. Wir folgen dem Fahrsträsschen zur *Station Wiesen* im Talgrund. Zur Fortsetzung unserer

Wanderung überschreiten wir den 1906–1908 erbauten, 210 m langen und 88 m hohen Wiesener Viadukt der Rhätischen Bahn (Laufsteg) und folgen dem Cavjaweg auf der linken Talseite, grösstenteils durch Waldpartien, zum Ziegelboden, wo ein Fahrsträsschen bis zum Bahnhof von *Filisur* führt.

Von Bivio über die Alp Flix nach Tinizong

Bivio–Natons–Alp Flix–Tinizong   **5h30**

Leichte Höhenwanderung über eine Alpterrasse.

Fahrt mit Bahn und Postauto: Chur –Tiefencastel 🚌–Bivio
Fahrt mit Auto: Chur–Thusis–Tiefencastel–Bivio (65 km)
Parkplatz: Dorfrand Bivio

BIVIO oder Beiva, früher Stalla (noch bewahrt im Namen des Passes, der von Bivio hinüber nach Juf im Avers führt: Stallerberg), ist ein typisches Passdorf am Fusse des Julier. Der Name Bivio bedeutet «zwei Wege», denn hier zweigt der Passweg über den Septimer, der früher die grössere Bedeutung hatte, von der Julierroute ab. Das Dorf wird wohl so alt sein wie diese beiden Pässe. Man spricht hier ein eigenes rätoromanisches Idiom, das Biviano, aber auch die italienische Sprache ist stark vertreten, da die Beziehung zum Bergell stets eng war. Nach dem Zweiten Weltkrieg wurde Bivio als Ferienort bekannt.

Unsere Wanderung führt nicht über den Alpenkamm, sondern talauswärts, ebenfalls (wenigstens teilweise) entlang einer historischen Route.
Am nördlichen Dorfrand von *Bivio* überschreiten wir die Julia und folgen dem Uferweg bis zur Abzweigung rechts und steigen den Wald hinauf zur *Alp Natons.* Nachdem wir den Bach überschritten haben, führt uns der Pfad hinauf zur Kuppe *Muttariel* und abwärts zu den Häusergruppen von *Salategnas.* Wir befinden uns auf der Wiesen- und Weideterrasse der Alp Flix, einer ehemaligen Walsersiedlung. Zu den Bergwiesen und Ferienhäusern gelangt man auch entlang eines Fahrsträsschens von Sur aus.

Unsere Wanderung setzen wir fort über die Höfe *Tga d'Meir,* Tgalucas und Cuorts. Unterhalb der Häuser von Tga d'Meir steht am Rand der Ebene abseits die Kapelle Son Roc. Nördlich von *Cuorts* führt unser Weg vorbei an einigen kleinen Seen, den Lais Blos und dem Lai Nair, welche die Landschaft wohltuend beleben. Auf der gegenüberliegenden Talseite erheben sich im Hintergrund des Val Faller die kühne Pyramide des Piz Platta und die gezackten Grate und Gipfel des Piz Forbesch und des Piz Arblatsch. Talauswärts öffnet sich der Ausblick auf das Oberhalbstein mit dem Kurort Savognin und zahlreichen Dörfern auf der sanft ansteigenden linken Talseite.

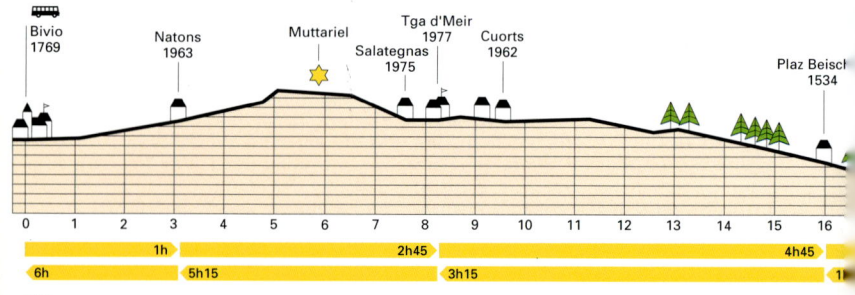

ong
232

n30

Nebenrouten

a) Von der Alp Natons anstatt Aufstieg zum Muttariel unterer Weg über Diart, Pardeala und Gruba (Stollen des ehemaligen Bergwerks) bis Salategnas (1 h 15).

b) Abstieg von Plang da Crousch Pt. 1992 nach Ruegna und Rona 🚌 an der Julierstrasse (1 h 15).

*A*LP *F*LIX

Die ausgedehnte Alpterrasse von Flix auf der rechten Talseite oberhalb des Marmorera-Stausees ist eine einzigartige Landschaft. Die Hochebene zieht sich über 4 km am Fusse der Errgruppe mit Piz d'Agnel, Tschimas da Flix und Piz Calderas hin. Am Wanderweg liegen die Höfe und Alpdörfchen Salategnas, Tga d'Meier Tgalucas und Cuorts sowie die verträumten Seelein Lais Blos. Auf der gegenüberliegenden Talseite erhebt sich der Piz Platta.

Die Bezeichnung Oberhalbstein, rätoromanisch Sursés, ist auf den unteren Talabschluss zurückzuführen. Zwischen Tiefencastel und Cunter verengt sich das Tal zu einer Schlucht, Crap Sés, die früher auf der linken Flanke umgangen wurde.

Nun folgen wir dem Weg nordwärts, stets über der Waldgrenze nach **Plaz Beischen,** der schliesslich in die Talstrasse unweit **Tinizong** mündet. Von Tinizong gelangen wir mit dem Postauto zurück nach Bivio.

DAS LUGNEZ (VAL LUMNEZIA)
Dieses Nebental mündet bei Ilanz in das Haupttal des Vorderrheins. Die Region ist reich an Kapellen und Kirchen. Die Dörfer liegen beidseits auf hohen Terrassen über dem Glenner. Im Hintergrund Piz Terri und Piz Ault.

Thusis–Scharans–Tumegl–Rothenbrunnen   **3h15**

Leichte Talwanderung von Dorf zu Dorf.

Fahrt mit Bahn: Chur 🚃–Thusis/Rothenbrunnen 🚃–Thusis
Fahrt mit Auto: Chur–Thusis (25 km)
Parkplatz: Marktplatz in Thusis

D OMLESCHG. Kaum eine Gegend in Europa weist auf so engem Raum so viele Burgen auf wie das Domleschg. Das Tal ist ein offener Korridor, einesteils für innerbündnerische Verbindungen, andererseits ist es Zugang zu wichtigen Alpenpässen wie Splügen und San Bernardino. Zudem haben die nach Südwesten gerichteten, fruchtbaren Talhänge vorzügliche Wohnbedingungen geboten. Wen wundert es, dass wir auf dieser Wanderung die kulturhistorisch wohl interessanteste Landschaft Graubündens durchstreifen!

Vom Bahnhof **Thusis** gelangen wir zu Fuss zum Strandbad, über die Hängebrücke, durch den Auenwald rechtsufrig des Rheins, dann über die Albulabrücke bis *St. Agatha* und auf dem Strässchen nach **Scharans.**
Auf der Strecke Thusis–Scharans können wir die beiden Burgen Hohenrätien und Obertagstein über dem Eingang der Viamala erkennen. Aus dem Wald oberhalb Sils ragt der Turm der rekonstruierten Burg Ehrenfels, und am Eingang zur Schinschlucht thront am Rand einer Wiesenterrasse über der Albula die Ruine Campi. Das bewohnte Schloss Baldenstein steht auf einer Anhöhe nördlich von Sils.
In Scharans unternehmen wir einen kleinen Abstecher zum oberen Dorfteil

Cresta mit seinen Häusern aus dem 16. und 17. Jh., deren Mauern mit Sgraffiti, Wappen und Inschriften verziert sind. Hier beginnt auch der historische Weg durch den alten Schin nach Vaz/Lenzerheide. Die Fortsetzung unserer Wanderung führt vom nördlichen Dorfteil, vorbei an der Kirche, wo einst Jürg Jenatsch predigte, durch eine anmutige Heckenlandschaft nach **Almens.** Von diesem Abschnitt aus erkennen wir die beiden Schlösser von Fürstenau (13. und 18. Jh.) und das Schloss Rietberg bei Rodels, wo 1621 Pompejus Planta durch Jenatsch ermordet wurde.
Nun gelangen wir, vorbei an der Burgschale von Neu Sins oder Canova, welche aus den Wipfeln einer Waldkuppe ragt, zum lieblichen *Canovasee* und

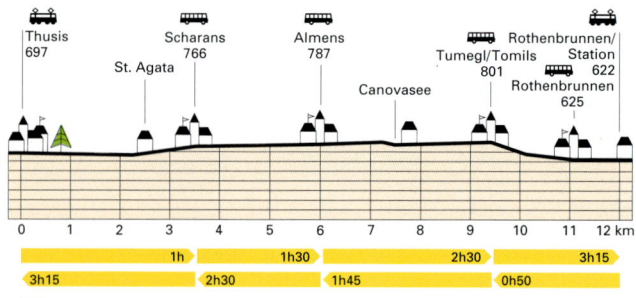

SCHLOSS **O**RTENSTEIN
Dieses stolze Schloss am Eingang ins Domleschg ist ein bewohnter Gutsbetrieb in Privatbesitz. Der Bergfried aus dem 12. Jh. ist der älteste Teil des Gebäudes.

entlang eines alten, von Mauern eingefassten Feldweges zum Dorf **Tumegl/Tomils.** Am Rande des Dorfes Paspels erkennen wir auf einem lärchenbestandenen Hügel die Ruine Alt Sins und auf einem Felsvorsprung unterhalb Tomils das imposante Schloss Ortenstein. Auf einer Anhöhe steht die Kapelle S. Luregn, ein prächtiger Aussichtspunkt!

Schliesslich gelangen wir entlang eines Güterweges hinab zur Verbindungsstrasse und dieser folgend nach *Rothenbrunnen.* Oberhalb des Dorfes erkennen wir den Turm von Ober Juvalta, der renoviert und mit einem Dach versehen wurde, und nördlich des Dorfes auf einem Felssporn die Mauerreste von Niederjuvalta.

Vom Dorf aus besteht ein Übergang über den Rhein zur **RhB-Station Rothenbrunnen.** Mit der Bahn kehren wir zurück nach Thusis.

Variante
Von Rothenbrunnen wandern wir auf einem Waldweg (Polenweg) bis nach Reichenau. Bemerkenswert ist sowohl die urtümliche Flusslandschaft als auch das Schloss Rhäzüns und das Kirchlein S. Gieri auf dem gegenüberliegenden Ufer. Von Reichenau zurück mit der Bahn nach Thusis (1 h 45).

Sufers–Lai da Vons–Promischur–Clugin–Andeer

5h15

Leichte Höhenwanderung vom Rheinwald ins Schams.

Fahrt mit Bahn und Postauto: Chur –Thusis –Sufers
Fahrt mit Auto: Chur–Thusis–Viamala–Rofla–Sufers (45 km)
Parkplatz: beim Hotel Seehof unterhalb des Dorfes

SUFERS ist das erste Dorf im Rheinwald. Das schmucke Dorf liegt oberhalb des Speicherbeckens abseits der Nationalstrasse N 13. Das Becken wird durch eine 58 m hohe Staumauer und durch einen kleinen Erddamm gebildet. 90 ha Wald- und Weideland wurden vom Wasser überflutet; der Humus wurde zuvor abgetragen und zur Verbesserung von dorfnahen Wiesen verwendet. Durch solch aufwendige Meliorationen gelang es, die Ertragskraft in der Landwirtschaft, die als modernste in der Region gilt, trotzdem zu erhalten. Gespeist wird der Stausee neben den Zuflüssen aus dem grossen Einzugsgebiet Rheinwald durch den Überleitungsstollen aus Ferrera im Averstal. Das Wasser gelangt über ein Gefälle von 321 m zur Zentrale Bärenburg im Schams.

Am oberen Dorfende von **Sufers** beginnt das autofreie Strässchen, das durch den Wald emporführt zu der Wiesenterrasse des **Lai da Vons,** eines schönen Bergsees. Von den Anhöhen aus öffnet sich die Aussicht über das Rheinwald und die Passlandschaften am San Bernardino und Splügen, die Gipfel und Gletscher des Rheinwaldhorns und des Surettamassivs, auf Pizzo Tambò und Piz Timun. Im Westen erheben sich die Gipfel der Splügner Kalkberge.
Nach einer ausgiebigen Rast in der lieblichen Seenlandschaft wandern wir in nördlicher Richtung durch Wiesen- und Weidegelände entlang des Hochtälchens auf 2000 m Höhe bis zum Sommerdörfchen **Promischur** auf einer aussichtsreichen, vorgeschobenen Terrasse. Hier überschauen wir das Schams und den Schamserberg mit seinen zahlreichen Dörfern zwischen Rofla und Viamala. Nun folgen wir dem Waldsträsschen, das über das Maiensäss **Magun,** vorbei an der Burg Cagliatscha, hinabführt zum Dörfchen **Clugin** (Kirchlein aus dem 12. Jh. mit Wandmalereien). Von Clugin wandern wir auf dem Flurweg auf der linken Talseite zurück und gelangen über die gedeckte Holzbrücke zum Badekurort **Andeer.**

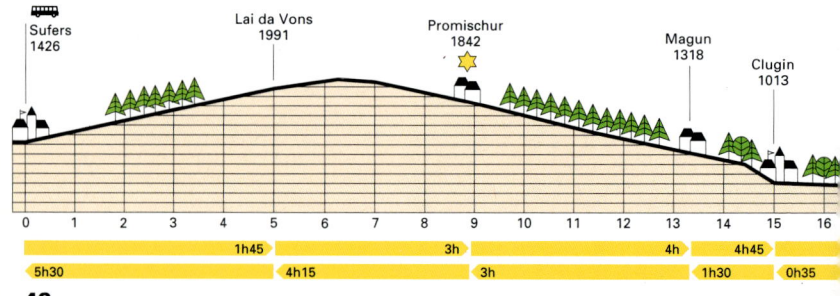

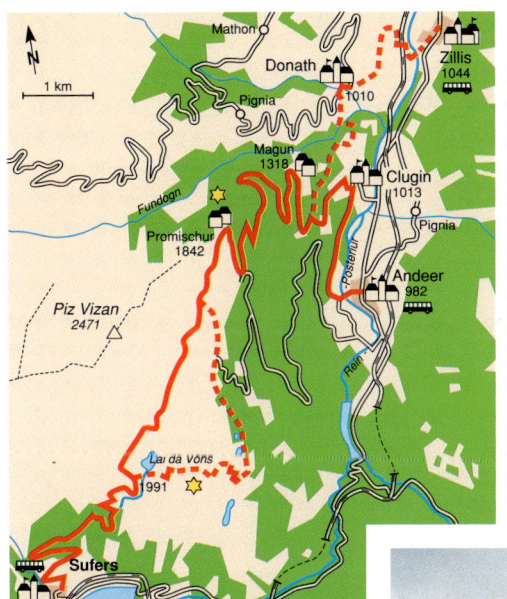

Das Schams – Val Schons –
ist der Abschnitt des Hinterrheins zwischen Viamala
und Roflaschlucht. Auch
hier findet man neben stolzen Bürgerhäusern Burgrui-
nen und alte Kirchen. Das
Kirchlein von Clugin zwi-
schen Zillis und Andeer
stammt aus dem 12. Jh.
Der Turm weist, wie die
Kirchenruine von Mathon,
ein vorkragendes Glocken-
geschoss auf. Das Innere
der romanischen Kleinkir-
che enthält bemerkenswer-
te Wandmalereien: Christus
in der Mandorla und eine
Apostelreihe. Bei der Re-
staurierung kamen weitere
Fresken aus der Schule des
Waltensburger Meisters
aus dem 14. Jh. zum Vor-
schein.

Nebenrouten

a) Von Magun oberhalb Clugin dem
Strässchen entlang bis Donath und
nach Zillis. Sofern die Zeit reicht,
besuchen wir die Kirche von Zillis mit
ihren berühmten Deckenmalereien.
Zurück nach Sufers mit dem Postauto
(1 h 15).

b) Vom Lai da Vons führt ein Pfad über
den Felsrücken der Caschlera zur Alp
Durnan und zum einsamen Seelein Lai
Lung. Ein Abstecher zur Kuppe des
Muttans südlich der Alphütten ge-
währt einen umfassenden Ausblick
sowohl über das Rheinwald und die
Roflaschlucht als auch über das
Schams im Norden. Zurück zu unserer
Hauptroute gelangen wir entlang
eines markierten Pfades in nördlicher
Richtung über Pastaglias zum Maien-
säss Promischur (1 h).

Zu den Surettaseen

Splügen–Obere Räzünscherhütten–Surettaseen–Splügen **4h15**

Leichte Bergwanderung zu einer alpinen Seenlandschaft.

Fahrt mit Bahn und Postauto: Chur 🚂–Thusis 🚌–Splügen
Fahrt mit Auto: Chur–Thusis–Viamala–Rofla–Splügen (49 km)
Parkplatz: südlich des Dorfes an der Kantonsstrasse

*S*PLÜGEN. Dieses Dorf wurde während Jahrhunderten vom Reise- und Warenverkehr geprägt. Davon zeugen massige Steinbauten wie das «Bodenhaus», 1722 als Herrenhaus und Sust erstellt. Nach dem Dorfbrand von 1716 entstanden die meisten dieser stattlichen Bauten. Nach dem Ausbau der Passstrassen Anfang des 19. Jh. rollten vier- bis achtspännige Postkutschen über Splügen und San Bernardino. Persönlichkeiten wie Königin Viktoria, Herzog Romanow, Graf Alexej Tolstoi, Prinz Louis Napoléon und J.W. Goethe übernachteten hier. Die Eröffnung der Gotthardbahn bedeutete für die Bevölkerung eine Katastrophe, musste doch fast die Hälfte, ihres Verdienstes als Fuhrleute beraubt, auswandern.

Unsere Wanderung führt zunächst von **Splügen** in südlicher Richtung entlang der Splügenpassstrasse bis zur ersten Rechtskurve bei Pt. 1492. Hier beginnt der Bergpfad und führt in östlicher Richtung am unteren Rand der Bergwiese Rüteli zum Fugschtwald, durch den wir auf gutem Pfad hinaufsteigen zur **Räzünscher Alp**.
Bei einer Rast überblicken wir die Landschaft: das Rheinwald, die Splügenstrasse bis zum Pass, gegenüber das malerische Massiv der Splügner Kalkberge und die Einsattelung des Safierberges, des Übergangs vom Rheinwald ins Safiental.

Nach einer rund 200 m hohen Stufe betreten wir das Ufer des unteren Seebeckens am Fusse der Äusseren Schwarzhörner.
Wir unternehmen einen Rundgang vom Unteren zum **Oberen Surettsee** und schliesslich zum Turrasee. Die Seen ruhen in einer Gletschermulde, umgeben von einem Moränenwall. Die Besteigung der umliegenden Gipfel überlassen wir den Alpinisten.
Für den Abstieg zum Bodmenstafel an der Passstrasse folgen wir anschliessend dem markierten Weg zurück zu den **Oberen Räzünscherhütten** (Pt. 2066), um dann über die Alp in südwestlicher

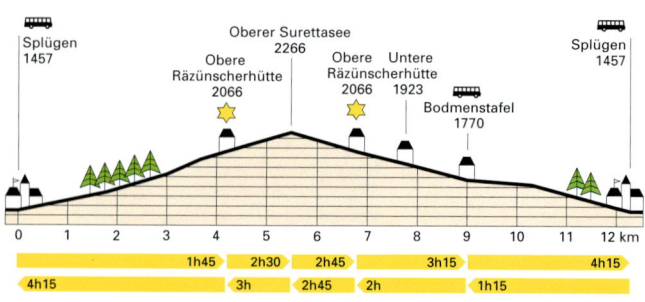

Richtung zum **Bodmenstafel** (Isabrüggli) zu gelangen.

Nun folgen wir der Strasse, überschreiten die Marmorbrücke und finden nach 1,5 km bei Pt. 1710 die Abzweigung der alten Splügenbergstrasse, die oberhalb des Dorfes in die neue Strasse mündet. Keinesfalls bei der Marmorbrücke auf der rechten Talseite absteigen!

Bleibt uns noch etwas Zeit, unternehmen wir einen Rundgang durch den alten Transitort **Splügen** mit den prächtigen Palazzi und Susten im oberen Dorfteil.

Variante

Am Nordufer des Oberen Surettasees (Seehütte) beginnt die markierte Route in nordöstlicher Richtung am Hangfuss des Mittagshorns und mündet beim «Rosschopf» in den Waldweg, der durch den Göriwald bis zur Splügenstrasse oberhalb des Dorfes führt (2 h).

OBERER SURETTASEE UND PIZZO TAMBO

Die Surettaseen liegen in einer Gebirgsschale am Fusse des Surettamassivs, umgeben von einer Moränenlandschaft. Den noch vorhandenen Gletscher finden wir auf der Nordflanke im Hintergrund des landschaftlich reizvollen Surettatälchens. Über der Seenlandschaft erheben sich die Schwarzhörner und das Seehorn. Auf der gegenüberliegenden Seite des Tales erhebt sich die ebenmässige Pyramide des Pizzo Tambo, des Grenzberges zu Italien oberhalb des Splügenpasses. Zugänge zu den Surettaseen bestehen sowohl von Splügen als auch vom Bodenstafel an der Passstrasse aus.

Innerferrera–Valle di Lei–Campsut–Innerferrera **5h**

Abwechslungsreiche Wanderung zwischen Graubünden und Italien.

Fahrt mit Bahn und Postauto: Chur 🚃–Thusis 🚌–Innerferrera
Fahrt mit Auto: Chur–Thusis–Viamala–Innerferrera (46 km)
Parkplatz: westlich des Dorfes bei der Säge

LAGO DI LEI. Er bildet das Kernstück der Kraftwerke Hinterrhein AG. Die Bogenstaumauer von 138 m Höhe vermag 197 Mio m³ Wasser zurückzuhalten. Der See wird nur zu einem Drittel aus den natürlichen Zuflüssen seines Einzugsgebietes gespeist; die Hälfte stammt aus den schweizerischen Tälern Avers, Niemet und Madris. Über ein Gefälle von 524 m treibt das Wasser die Turbinen in der Kavernenzentrale Ferrera an. Die Staumauer stand ursprünglich auf italienischem Gebiet, wurde aber durch einen staatsvertraglich geregelten Gebietsabtausch der Gemeinde Innerferrera zugeschlagen.

Wir folgen zunächst dem Talsträsschen von *Innerferrera* Richtung Avers. Nach 1 km zweigt rechts ein Weglein ab (Wegweiser), das anfangs durch dichtes Gestrüpp, dann durch den Bergwald des steilen Nebentälchens Val digl Uors südwärts hinauf zur Landesgrenze führt. Dort lichtet sich der Wald, und oberhalb der Baumgrenze betreten wir eine höckrige, teilweise sumpfige Weidelandschaft. Wir befinden uns auf der linken Talflanke des tiefeingeschnittenen Valle di Lei. Das italienische Territorium reicht entlang des Flusses bis zur Strassenbrücke zwischen Innerferrera und Campsut. An dieser Stelle verläuft ausserdem die Grenze zwischen dem rätoromanischen Schams und dem deutschsprachigen (walserischen) Avers. Das Alpsträsschen beginnt bei den Hütten der *Alpe Motta.* Es führt horizontal taleinwärts zur *Alpe del Crot,* wo wir ein gutgeführtes italienisches Restaurant antreffen (Schweizer Währung willkommen). Unsere Wanderung setzen wir fort, indem wir über die *Staumauer* auf die rechte Talseite wechseln. Diese befindet sich auf schweizerischem Territorium.

Von hier aus führt eine Tunnelröhre (auch für Fussgänger) ins Avertal bei Campsut. Wir aber überschreiten den Passo del Scengio, deutsch *Furgga.* Auf der Passhöhe verweilen wir und bewundern die prachtvolle Aussicht. Im Hintergrund des künstlichen Lago di Lei

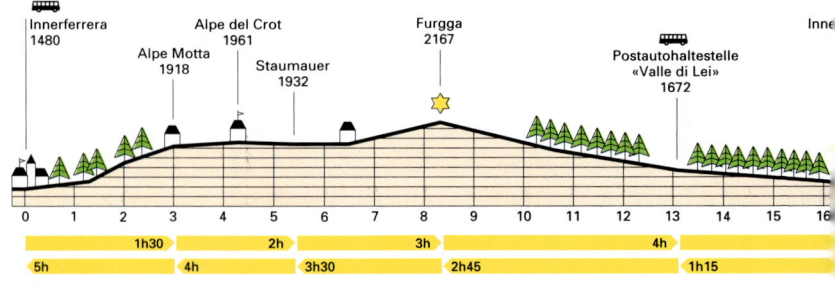

erhebt sich die stolze Pyramide des Pizzo Stella mit seinen leuchtenden Gletscherfeldern. Östlich davon führt der Passo di Lago nach Chiavenna und westlich der Passo di Angeloga ins Val San Giacomo. In der uns gegenüberliegenden Kette erkennen wir den Gipfel des Piz Timun, auf dessen Westseite der Pass da Niemet vom Ferreratal nach dem italienischen Monte Spluga führt. Im Südosten öffnet sich das Averstal mit den leuchtendweissen Wissbergen und dem Piz Platta. Im Hintergrund führen Passübergänge ins Oberhalbstein und Bergell. Nordwärts reicht der Blick bis zum Calanda bei Chur.

Für den Abstieg benützen wir den Fahrweg. Schliesslich folgen wir dem Strässchen zur **Postautohaltestelle** «Valle di Lei» bei Campsut. Entlang der Strasse erreichen wir wieder **Innerferrera,** oder wir kürzen uns den einstündigen Fussmarsch mit einer Postautofahrt ab.

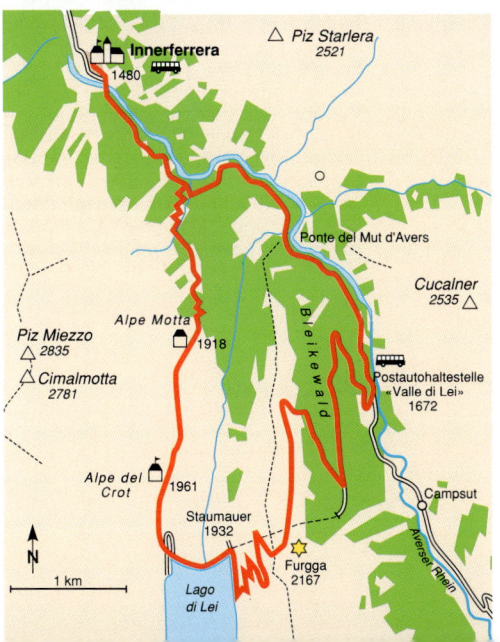

VALLE DI LEI UND PIZZO STELLA

Dieses italienische Grenztal schiebt sich weit in das Gebiet Graubündens vor und entwässert in den Ferrerarhein. Der Grenzkamm zum Val Madris verläuft von der Furgga bis zum Cima da Lägh. Die Staumauer des 8 km langen Speicherbeckens liegt auf Schweizer Territorium. Eine Fahrstrasse besteht von Campsut im Avers und führt durch einen Tunnel zum See. Im Hintergrund erhebt sich die prächtige, vergletscherte Pyramide des Pizzo Stella. Der Angelogapass führt hinüber ins Val San Giacomo und nach Madesimo. Von der Alp del Crot (Restaurant) besteht ein Abstieg durch das Val dil Uors nach Innerferrera.

Vom Ospizio San Bernardino zum Castello di Mesocco

16

Ospizio San Bernardino–San Bernardino
Villaggio–Pian San Giacomo–Mesocco   **4h45**

Vom Bernhardinpass nach Süden, eine leichte Talwanderung.

Fahrt mit Postauto: Chur 🚌–Thusis 🚌–San Bernardino Ospizio
Fahrt mit Auto: Chur–Thusis–San Bernardino Villaggio (67 km)
    (🚌 bis San Bernardino Ospizio)
Parkplatz: in Dorfnähe von San Bernardino Villaggio

SAN **B**ERNARDINO. Dieser wichtige Alpenübergang wurde früher Mons Avium, Uccello oder Vogelberg genannt. Von einer Wegkapelle erhielt der wohl schon zu römischer Zeit begangene Pass den heutigen Namen. 1467 entstanden auf der Südseite neue Wege; trotzdem konnten nur Saumpferde und kleine Gespanne passieren. Zwischen 1818 und 1823 wurden Splügen wie San Bernardino zu «Kommerzialstrassen» ausgebaut. 1824 rollte die erste Postkutsche über den Pass; zu dieser Zeit entstand auch das Hospiz. Mit der Eröffnung des Gotthardtunnels 1882 kam der Passverkehr jedoch fast zum Erliegen. Erst 1967, mit der Eröffnung des ganzjährig befahrbaren Strassentunnels, erlangte dieser Verkehrsweg wieder grosse Bedeutung.

Ausgangspunkt ist die ***Passhöhe San Bernardino.*** Vom bewirtschafteten Hospiz wenden wir uns zunächst nach Osten und finden im buckligen Gelände die Spuren alter Passwege, die während Jahrhunderten dem Transitverkehr dienten.

Die weit ausladende Passlandschaft wurde einst von Gletschern geformt und weist zahlreiche Rundbuckel auf, zwischen denen kleinere und grössere Tümpel und Seelein ruhen. Auffallend sind auf der Ostseite die schroffen Zacken des Pizzo Uccello (Vogelberg).

Der markierte Pfad ist teilweise rauh und überwachsen. Er führt durch Gestrüpp und Weideland über *Sass de la Golp* und Gareida hinab zum kleinen Ferienort ***San Bernardino.*** Oberhalb des Dorfes steht auf einer Anhöhe die Kapelle aus dem 15 Jh., dem hl. Bernhardin von Siena geweiht.

Die Fortsetzung findet unsere Misoxer Talroute unmittelbar bei der Strassenbrücke und wechselt auf die rechte Talseite, wo sie dem westlichen Ufer des Stausees Lago d'Isola entlangführt. Von der Staumauer aus wandern wir durch Wald und über die Maiensässe *Pignela* hinab in die Ebene ***Pian San Giacomo.***

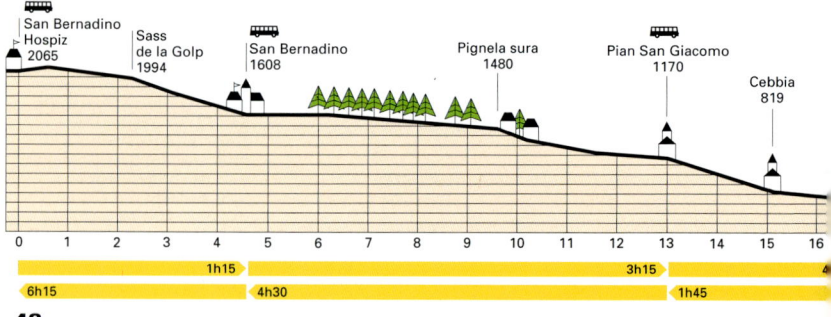

San Bernadino Hospiz 2065 | Sass de la Golp 1994 | San Bernadino 1608 | Pignela sura 1480 | Pian San Giacomo 1170 | Cebbia 819

1h15   3h15

6h15   4h30   1h45

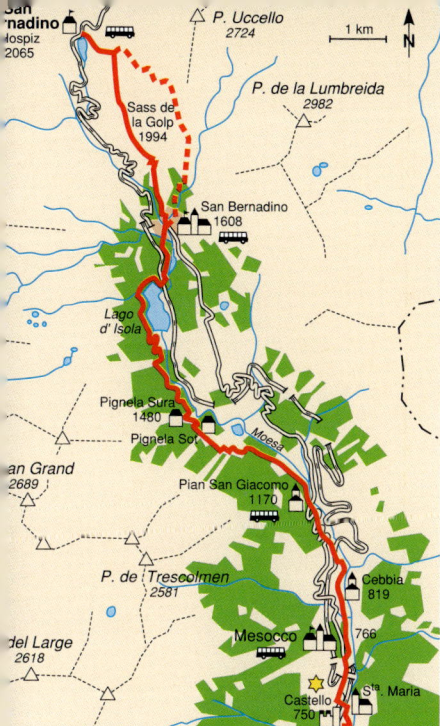

MESOCCO, **B**URGKIRCHE

**Die Chiesa Sta. Maria del Castello ist
ein kunsthistorisch bedeutendes
Gotteshaus am Fusse des Burghügels.
Es enthält einen Schatz prächtiger
Wandmalereien aus dem 15. Jh. Neben
neutestamentlichen Bildern der Brüder
da Seregno zieren zwölf Monatsbilder
die Wände des Innenraumes.**

Bei Caurga (Pt. 1484) entdecken wir eine
alte Bogenbrücke über die Moesa an der
ehemaligen Passroute. Am Südende
der Ebene beginnt die markante Steilstufe des Tales, welche sowohl die alte
als auch die neue Strasse (N 13) in vielen
Kurven überwindet. Unser Weg findet
seine Fortsetzung am rechtsufrigen
Brückenkopf bei der Kapelle S. Giacomo
und schlängelt sich, mehrmals die Kantonsstrasse querend, in die Talsohle
zum Hauptort **Mesocco**. Wir begeben
uns zum ehemaligen Bahnhof am südlichen Dorfrand (die Strecke Bellinzona–Mesocco wurde 1972 stillgelegt
und durch Postautokurse ersetzt).
Vom ehemaligen Bahnhofgebäude aus
überqueren wir die Kantonsstrasse und
folgen 1 km weit dem noch bestehenden
Bahntrassee. Oberhalb der Bushalte-

stelle finden wir die Abzweigung von
der Talroute und begeben uns, die Un-
terführung der N 13 benützend, zur Kirche Sta. Maria del Castello. Die aus dem
12. Jh. stammende Kirche am Fusse des
Burghügels mit den «Monatsbildern»
aus dem 15. Jh. im Innenraum gilt als
einzigartiges Kulturdenkmal. Nun steigen wir auf zur Burganlage **Castello**
auf einem Felsklotz mitten im Tal. Es
handelt sich um eine der grössten
mittelalterlichen Burganlagen Graubündens, Sitz der Freiherren von Sax-
Misox, später des Mailänders Trivulzio.
Der Standort gewährt einen Ausblick
über das ganze Tal.
Nahe der Burganlage befindet sich die
Postautohaltestelle «Mesocco Castello», wo wir das Postauto besteigen, das
uns nach San Bernardino zurückbringt.

DISENTIS/MUSTÉR MIT KLOSTERS

Disentis liegt an der Verzweigung der Oberalp- und der Lukmanierstrasse inmitten einer erhabenen Gebirgslandschaft. Das Dorfbild wird beherrscht vom Gebäudekomplex des Benediktinerklosters mit seinen beiden Türmen.

Durch die Ruin'Aulta am Vorderrhein

Valendas Station–Conn–Versam Station–Valendas Station

4h45

Wanderung durch eine urtümliche Flusslandschaft.

Fahrt mit Bahn: Chur 🚂–Station Valendas–Sagogn
Fahrt mit Auto: Chur–Bonaduz–Valendas–Station Valendas-Sagogn (21 km)
Parkplatz: bei der Station Valendas-Sagogn

*R*UIN'*A*ULTA. Mit dem Zurückweichen des gewaltigen Rheingletschers gegen Ende der letzten Eiszeit vor etwa 12 000–15 000 Jahren rutschten von der linken Talseite die bisher vom Gletschereis gestützten Kalkschichten herunter. Auf etwa 40 km^2 Fläche liegen die Schuttmassen des grössten europäischen Bergsturzes bis 650 m hoch. Der Rhein wurde bei Castrisch zu einem See gestaut, doch der Fluss bahnte sich einen Weg durch den zu Breccie verfestigten Kalkschutt und bildete so eine grossartige und bizarre Landschaft, die man als Grand Canyon der Schweiz bezeichnet.

Von der **Bahnstation Valendas-Sagogn** wandern wir dem Strässchen entlang über die Rheinbrücke in Richtung Sagogn, zweigen aber nach kurzem Marsch von diesem ab und überschreiten die Ual da Mulin. Der Waldweg führt der linksufrigen Flanke der Schlucht entlang aufwärts über die Maiensässe Planezzas, Foppas bis **Tuora.** Wir verlassen das Waldsträsschen oberhalb der Wiesen von Tuora. Bei Pt. 1121 führt ein Pfad am Rand des Abgrundes zur Waldwiese von **Conn,** wo wir uns im gemütlichen Wirtschäftchen ausruhen und erlaben. Von hier aus überblicken wir die einmalige Flusslandschaft des Vorderrheins. Diesen Graben bahnte sich der Rhein durch den prähistori-schen Bergsturz aus der Gegend des Flimsersteins, dessen Schuttmassen sich zwischen Sagogn und Trins ausbreiten.

Am östlichen Rand der Waldwiese von Conn finden wir einen Weg durch den Wald zu den Häusern von Pintrun. Hier führt der Waldweg südwärts zum Plateau von **Ransun.** Nun steigen wir von dessen unterem Rand (Pt. 805), einem Pfad folgend, steil hinab auf den Grund der Schlucht. Hier überschreiten wir den Rhein auf dem Fussgängersteg der Eisenbahnbrücke bei Isla Bella, durchwandern den schönen Auenwald der «Chli Isla», übersteigen den Umlaufberg der «Chrummwag» und gelangen auf dem Uferweglein zur **Station Versam-**

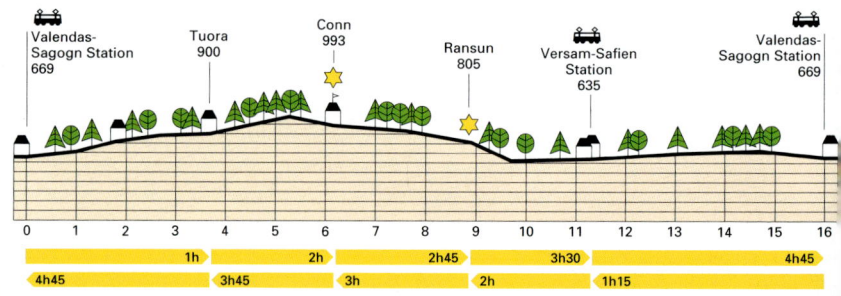

DIE RHEINSCHLUCHT (RUIN'AULTA)

Diese einzigartige Flusslandschaft am Vorderrhein zwischen Ilanz und Reichenau ist von verschiedenen Seiten her zugänglich. Ein Wanderweg besteht von Ilanz zur Station Valendas-Sagogn und auf der rechten Seite des Flusses zur Station Versam-Safien. Weiter führt der Pfad über den Umlaufberg bei der «Chrummwag» zur Isla Bella und nach Trin oder Flims. Auf dieser Route bewundert man die bizarren Verwitterungsformen der Bergsturzbreccie: Türme, Nadeln und Höhlen. Ein weiterer Zugang besteht von Flims her über Tuora zur Station Valendas-Sagogn.

Safien. Auf der gegenüberliegenden Schluchtseite erheben sich die zerklüfteten Wände der Ruinas Sut Crestaultas. Bei der Station werden an einem Kiosk Getränke angeboten.

Unmittelbar daneben findet unser Weg die Fortsetzung durch die abenteuerliche Landschaft. In abwechslungsreichem Auf und Ab folgt der Pfad dem Fluss und der Bahnlinie, vorbei an den bizarren Erosionsgebilden, die Waldwiesen der Isla und Au berührend und den Seitenbach aus dem Carreratobel überquerend. Der letzte Abschnitt des Weglein führt entlang der Bahnlinie bis zum Stationsgebäude von **Valendas-Sagogn.**

Achtung: Auf der Strecke zwischen den Stationen weder Tunnel noch Bahnkörper betreten!

Über den Crap da Flem (Flimserstein)

Flims/Cassonsgrat–Bargis–Flims   **4h30**

Diese abwechslungsreiche «Bergabwärtswanderung» kann erst im Spätsommer oder Herbst unternommen werden.

Fahrt mit Bahn und Postauto: Chur 🚌–Flims 🚡–Naraus 🚠 – Cassonsgrat
Fahrt mit Auto: Chur–Flims (20 km)
Parkplatz: bei der Sesselbahn Naraus

FLIMS. Am oberen Rand des Bergsturzes auf der linken Rheinseite haben sich schon früh Menschen angesiedelt; Flims wird erstmals im 8. Jh. erwähnt und war während Jahrhunderten ein fruchtbares Landwirtschaftsgebiet in guter Lage. Der Tourismus hielt in Flims bereits 1875 Einzug, die Hotels wurden aber anfänglich in Flims-Waldhaus und nicht im Dorf erstellt. Durch die rege Bautätigkeit bilden Dorf und Waldhaus heute ein zusammenhängendes Siedlungsgebiet, aber der wertvolle alte Dorfteil bei der spätgotischen Kirche St. Martin ist erhalten geblieben. 1919 fuhr das erste Postauto nach Flims, und noch vor Ende des Zweiten Weltkrieges wurde die erste Sesselbahn gebaut, der 1956 die Luftseilbahn nach Cassons folgte.

Um mühelos auf 2600 m zu gelangen, benützen wir den Sessellift von Flims nach Naraus und die Luftseilbahn zum **Cassonsgrat** (Fil de Cassons), dem obersten Rand des Flimsersteins, der wie ein schräg abgesägter Block von weither sichtbar ist. Im Hochsommer herrscht hier Bergfrühling. Eine grosse Zahl verschiedenartiger Pölsterchen leuchten aus dem Gesteinsschutt und aus den Ritzen der kahlgescheuerten Felsblöcke. Hier erkennt man den harten Kampf der Vegetation gegen die Unbilden des Hochgebirgsklimas. Grossartig ist auch der Ausblick auf die Gebirgs-welt, der sich im Sektor West–Süd–Ost darbietet. In nächster Nachbarschaft erheben sich die Gipfel des Vorab, Piz Segnas, Piz Sardona mit ihren Firnfeldern, das Trinserhorn (Piz Dolf) und die Nadelspitze des Ringel (Piz Bargis).

Vorerst unternehmen wir einen Spaziergang entlang des Cassonsgrates, der im Norden jäh zum Bargistal abbricht. Wir wenden uns nach Norden zur Einsattelung am Fusse des düsteren Trinserhorns, in dessen Schutthalden bis weit in den Sommer der Schnee liegt. Bevor wir von der **Fuorcla Raschaglius** ostwärts ins Bargistal absteigen,

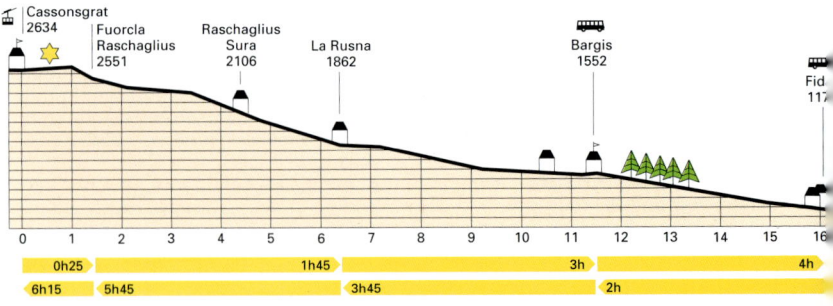

werfen wir einen Blick auf das ehemals vom Segnesgletscher ausgefüllte Bekken von Segnas sura, einer von Wasseradern durchzogenen Ebene, aus der sich die Eismassen weit zurückgezogen haben.

Unser Pfad traversiert die kahle Flanke des Piz Dolf und führt hinab zu den Alpen *Raschaglius* und *La Rusna*. Die Gegend mahnt an den Grand Canyon, insbesondere die beinahe tausend Meter hohen Abstürze des Flimsersteins. Unser Pfad mündet in einen Alpweg, der sich mit geringem Gefälle bis zum Wiesenplan von **Bargis** hinzieht. Im gutgeführten Restaurant ruhen wir aus und erlaben uns an Speis und Trank.

Wer die Wanderung hier abzuschliessen wünscht, kann den Bus nach Flims besteigen. Das Strässchen führt durch den Wald hinaus zur ehemaligen Walsersiedlung **Fidaz** am Fusse des Flimsersteins und schliesslich nach **Flims Dorf** und zur Talstation der Sesselbahn Naraus.

Varianten

Vom Cassonsgrat bestehen weitere Abstiegsmöglichkeiten nach Flims:

a) Südwärts zum Unteren Segnasboden und Höhenweg bis zur Station Naraus des Sesselliftes (2 h).
b) Diagonal über das «Dach» des Flimsersteins zur Alphütte Tegia Gronda, von hier aus auf rauhem Alpweg nach Bargis und einem Strässchen nach Flims (2 h 15).

FLIMSERSTEIN
(**C**RAP DA **F**LEM)
Dieser weithin sichtbare, imposante Block – bestehend aus Malm und Kreide – weist auf drei Seiten hohe, schroffe Felswände auf. Die mächtige Felsscholle trägt auf ihrem schräg abfallenden Dach karrendurchsetzte Alpweiden. Den oberen Rand bildet der Cassonsgrat. Zu seinem westlichen Punkt besteht eine Luftseilbahn von Naraus (Flims) her.

Tavanasa–Breil/Brigels–Waltensburg–Jörgenberg–Rueun–Tavanasa **6h**

Ein Kulturdenkmal und eine historische Stätte an einem Höhenweg.

Fahrt mit Bahn: Chur 🚂–Tavanasa
Fahrt mit Auto: Chur–Ilanz–Tavanasa (43 km)
Parkplatz: bei der Station Tavanasa

---

*W*ALTENSBURG, rätoromanisch Vuorz, ist ein langgezogenes Strassendorf mit behäbigen alten Holzhäusern und einigen bemerkenswerten Steinbauten. Die um 1100 erbaute und um 1300 verlängerte Kirche enthält weiterum bekannte frühgotische Wandmalereien aus dem 14. Jh. Name und Herkunft des Künstlers sind unbekannt, man nennt ihn nach seinem bedeutendsten Werk «Waltensburger Meister». Die Bilder wurden bei der Reformation übertüncht, erst 1932 wiederentdeckt und einer sorgfältigen Restaurierung unterzogen.

Die Senda Sursilvana ist ein Wanderweg durch das Vorderrheintal (Surselva) vom Oberalppass bis Chur. Unsere Wanderung führt über einen Teilabschnitt dieser grossen Route, die entlang der linken Talflanke verläuft.

Als Ausgangspunkt wählen wir die Station der RhB *Tavanasa* zwischen Ilanz und Trun. Der Fussweg zweigt oberhalb *Dardin* vom Poststrässchen ab und führt durch das Val Cuschina hinauf zum Terrassendorf *Breil/Brigels* (die Benützung des Postautokurses kürzt die Wanderung um 2 Std. ab). Oberhalb des Dorfes die ehemalige Kirchenburg S. Sievi.

Von den drei Routen nach Waltensburg (die südliche ist das Verbindungssträsschen, die nördliche der Weg durch das liebliche Tälchen Miglié links des Flem) wählen wir die mittlere, den Weg, der über die Wiesen von Tschuppina und durch den Wald von *Flanz* («Adlerstein») führt. Auf diesem Abschnitt überschauen wir die gegenüberliegende Mundaun-Kette vom Piz Mundaun bis zum Piz Sezner, vorgelagert das ausgedehnte, deutschsprachige (walserische) Siedlungsgebiet von Obersaxen mit seinen zahlreichen Weilern und Höfen. In der Nähe der kühn angelegten Höhlenburg Kropfenstein (Casti Grotta) erreichen wir das Fahrsträsschen nach *Waltensburg.* In der Dorfmitte die Kirche mit den bedeutenden frühgotischen Wandmalereien des «Waltensburger Meisters».

Am östlichen Dorfausgang (Tavellas)

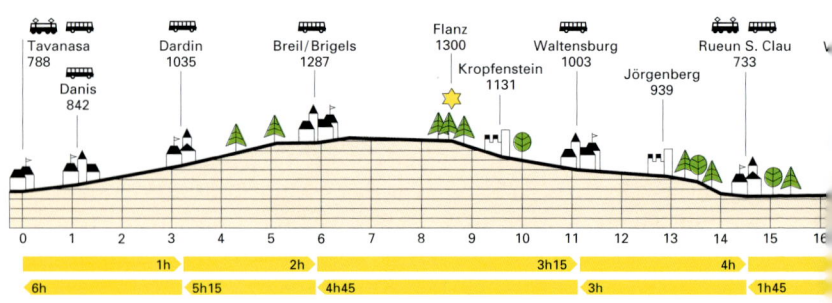

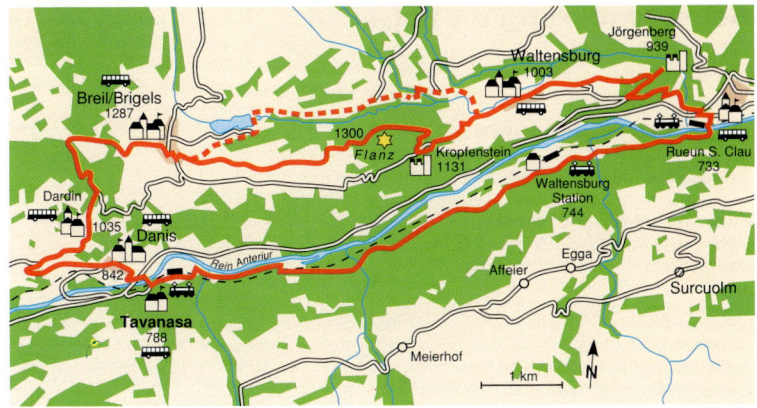

zweigt ein Feldweg vom Strässchen ab und führt zur Burganlage *Jörgenberg* (Munt Sogn Gieri) auf einem vorgeschobenen Felssporn. Es handelt sich um eine frühmittelalterliche Flucht- und Kirchenburg, die innerhalb ihrer Mauern einen Bergfried und einen guterhaltenen Campanile aufweist.

Nun folgen wir dem Waldpfad, überschreiten den Schmuerbach und erreichen unterhalb von **S. Clau** die Bahnstation **Rueun.** Von hier gelangen wir mit der RhB zurück nach Tavanasa, oder wir überschreiten den Rhein und wandern entlang des Wald- und Flussuferweges auf der rechten Talseite über **Waltensburg Station** zurück nach **Tavanasa.**

*J*ÖRGENBERG (*M*UNT *S*OGN *G*IERI)

Diese grösste Burganlage des Bündner Oberlandes finden wir östlich des Dorfes Waltensburg/Vuorz auf einem vorspringenden Felssporn. Schon im 8. Jh. wird das «Castello«, im 9. Jh. die Kirche «S. Georgii» erwähnt. Wahrscheinlich handelte es sich damals um eine befestigte Kirchenburg, Zufluchtsstätte der Bevölkerung in kriegerischen Zeiten. Im 14. Jh. war die Burg im Besitz der Herren von Friberg.

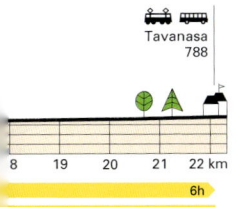

Tavanasa
788

8   19   20   21   22 km

6h

Vals/Zervreila–Selvasee–Peil–Vals   **5h**

Abwechslungsreiche Berg- und Seenwanderung.

Fahrt mit Bahn und Postauto: Chur 🚂–Ilanz 🚌–Vals 🚌–Zervreila
Fahrt mit Auto: Chur–Ilanz–Vals (52 km)
Parkplatz: im Dorf Vals

VALS ist eine der grössten Gemeinden Graubündens und war schon in vorgeschichtlicher Zeit besiedelt. Man nimmt an, dass die Heilquellen schon zur mittleren Bronzezeit genutzt wurden. Im 14. Jh. erfolgte die Einwanderung der Walser vom Rheinwald her. An die frühere rätoromanische Bevölkerung erinnern noch Ortsnamen wie Valé und Camp. Mitten im Dorf Vals Platz steht die frühbarocke Pfarrkirche St. Peter und Paul aus dem Jahre 1643. Ihre östliche Seitenkapelle (Marienkapelle) war einst Chor der alten gotischen Kirche. In den weitverstreuten Tälern von Vals stehen weitere 16 Kapellen und Bildstöcke, die in ihrer Art an das Oberwallis erinnern.

Vom Badekurort Vals fahren wir mit dem Postauto bis zur Staumauer von *Zervreila.* Vom Posthalt beim Restaurant wandern wir zunächst entlang dem Strässchen, vorbei an der Staumauer, hinauf zur neuen Kapelle über dem See. Von hier auf dem markierten Pfad, der uns über die Alpweiden von Guraletsch hinaufführt zum *Guraletschsee* am Fusse des Fanellhorns. Nun wenden wir uns nach Norden und folgen dem Höhenweg zum *Ampervreilsee,* über dem sich die Gipfel des Guraletsch- und Ampervreilhorns erheben. Weiter führt uns der Weg zum *Selvasee* auf einem aussichtsreichen Hochplateau. Im Hintergrund des Lentatales und Kanaltales

leuchtet die vergletscherte Adulagruppe. Über dem Stausee erhebt sich die kühne Felsklippe des Zervreilahorns. Im Westen verläuft die Bergkette vom Frunthorn zum Piz Aul.
Der Abstieg führt über den Weiderücken zunächst in nördlicher Richtung zum *Heinisch Stafel,* dann über den Selvaalpstafel zum Rossbodmen und nach Peil. Beim *Bodenhus* betreten wir das Fahrsträsschen, das aus dem Peiltal nach *Vals Valé* hinausführt.

Variante

Eine Abkürzung nach Vals besteht von Heinisch Stafel über Marcheggen und durch den Wald nach Valé und Vals Platz.

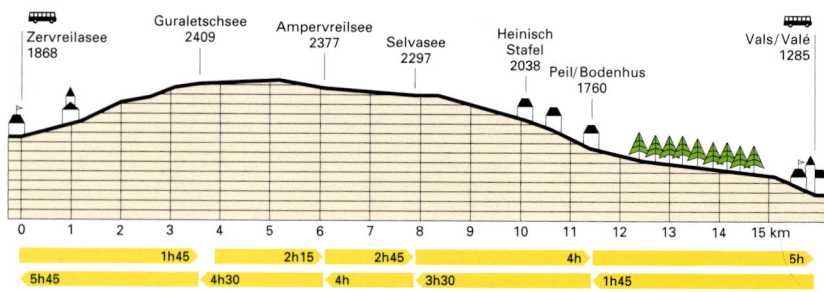

ZERVREILA, GURALETSCHSEE

Der Talboden von Zervreila ist die oberste Talstufe des Valsertals. Inmitten der Bergwiesen lag einst das Sommerdörfchen Zervreila. Die tiefe Waldschlucht zwischen dem Badekurort Vals und dem Oberboden wurde durch einen Saumweg überwunden. Beim Bau der grossen Staumauer in den fünfziger Jahren wurde eine Fahrstrasse erstellt. Von der Mauerkrone aus erkennt man im Hintergrund des Sees den schlanken Turm des Zervreilahorns und einige Gipfel der Adulagruppe. Am Fusse des Fanellhorns und des Guraletschhorns liegen auf einer Terrasse der Guraletsch-, der Ampervreil- und der Solvasee, verbunden durch einen Fussweg. Von der Selva Alp aus geniesst man einen umfassenden Ausblick auf die umliegenden Täler und Gebirge, vor allem auf die Gipfel der Adulagruppe. Zugänge zu den Seen bestehen von Zervreila und von Peil her.

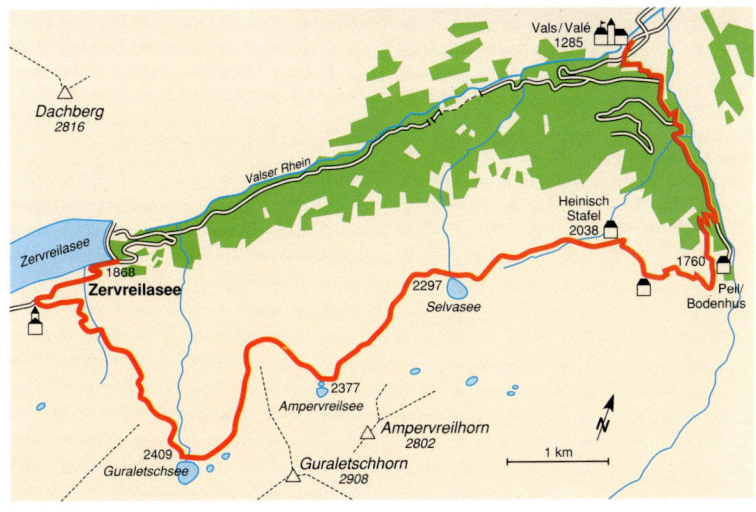

Disentis–Caischavedra–Bostg–Disentis 5h30

Gemütliche Höhenwanderung mit umfassendem Blick auf die Cadi.

Fahrt mit Bahn: Chur –Disentis
Fahrt mit Auto: Chur–Ilanz–Disentis (60 km)
Parkplatz: Talstation Funs/S. Catrina der Luftseilbahn

DISENTIS, rätoromanisch Mustér, wird durch die grossartige Barockfassade des um 750 gegründeten Benediktinerklosters geprägt. Die Kirche St. Martin entstand 1712 nach dem sogenannten Vorarlberger Schema mit umlaufenden Emporen und Doppelturmfassade. Sehenswert ist auch das Klostermuseum mit seiner kulturhistorischen Sammlung. Disentis ist ein Passdorf, beginnen hier doch die Strassen zum Oberalppass und Lukmanier. Es weist eine Anzahl schöner alter Häuser und viele Holzbauten im Gotthardstil auf. Erwähnenswert sind auch die barocke Pfarrkirche S. Gion mit dem spätgotischen Flügelaltar von Yvo Strigel in der Vorhalle sowie die Kapelle S. Gada am ehemaligen Lukmanierweg.

Die Wanderung kann durch die Benützung der Luftseilbahn nach Caischavedra um 2 h 30 verkürzt werden.

Von der Talstation **Funs/S. Catrina** der Luftseilbahn folgen wir dem Strässchen zum nahen Weiler Acletta und dem Weg zum Maiensäss **Pardi**. Nun steigen wir dem Bach entlang durch das Val Acletta hinauf, bis wir oberhalb der Waldgrenze (Alp Magriel) auf einen Pfad treffen, der in südwestlicher Richtung zu den Bergwiesen von **Caischavedra** ansteigt. Hier befinden sich die Bergstation der Luftseilbahn und ein Bergrestaurant. Caischavedra ist eine Terrasse, übersät mit Maiensässhäuschen unmittelbar über der Waldgrenze mit prachtvollem

Ausblick über das Tal und auf die vergletscherte Medelsergruppe im Südosten. Es ist auch Ausgangspunkt zu Bergwanderungen, von denen die beliebteste der Aufstieg über Gendusas zum Lag Serein und zum Brunnigrätli (2739 m) in der Kette Piz Acletta–Piz Cavardiras ist. Dieser Abstecher ist aber nur bergtüchtigen, ausdauernden Wanderern zu empfehlen. Der Übergang zur Cavardirashütte ist eine alpine Route mit Gletschertraversierung!

Die Fortsetzung unserer Höhenwanderung führt von Caischavedra in westlicher Richtung durch Waldpartien und Lichtungen bis *Stgeinas* am Ursprung des Val Segnes. Nun wenden wir uns

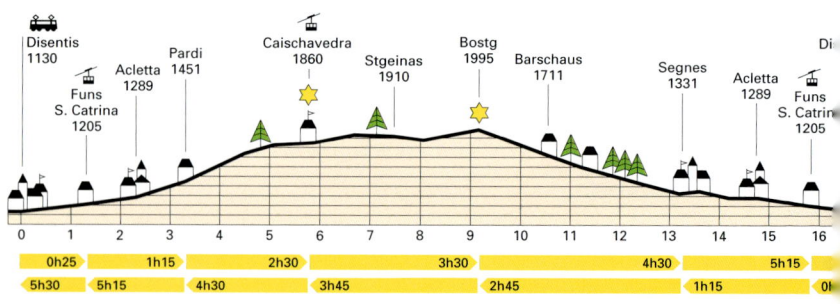

nach Süden und traversieren die Nordflanke des Piz las Palas bis zur vorgeschobenen Kuppe **Bostg.** Hier befinden wir uns auf einem hervorragenden Aussichtspunkt, von dem aus wir sowohl das Tavetsch bis zum Oberalppass als auch das Tal des Vorderrheins abwärts bis zur Rheinschlucht überschauen. Im Norden erheben sich die markanten Gipfel und Grate der Piz-Ault-Kette, im Süden die Medelserkette vom Piz Cristallina bis zum Piz Vial mit ihren Gletscherfeldern.

Von Bostg steigen wir ostwärts auf der Krete über offenes Gelände ab bis *Barschaus,* dann auf einem Fahrsträsschen, das über **Segnes** zurück nach **Funs** und **Disentis** führt.

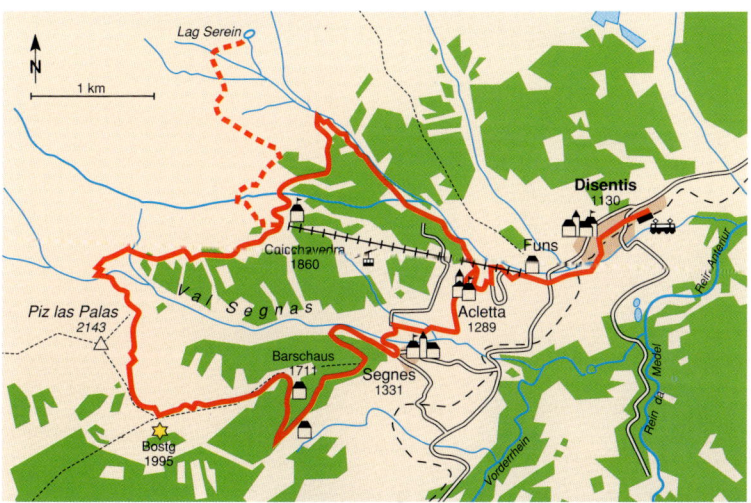

*D*IE ALTE *H*OLZBRÜCKE VON *R*USEIN

Unterhalb von Disentis mündet das Val Rusein in das Haupttal des Vorderrheins. Über die enge Waldschlucht schwingen sich die drei Ruseinerbrücken: die 130 Jahre alte Holzbrücke mit 56 m Spannweite, das 1911 erbaute Viadukt der Rhätischen Bahn und die moderne Beton-Strassenbrücke von 1938. Am Brückenkopf befindet sich eine Marmortafel zu Ehren der «Erforscher des Rätischen Gebirges»: Arnold Escher von der Linth, G. Theobald und Pater Placidus a Spescha.

AUSBLICK VON DEN MUOTTAS MURAGL
Von diesem Punkt aus
überblickt man die Seen-
landschaft des Ober-
engadins vom Stazerwald
bis zum Malojapass. Am
Piz Lunghin oberhalb
Maloja befindet sich die
Wasserscheide zwischen
Mittelmeer, Schwarzem
Meer und Nordsee.

Klassische Höhenwanderung durch Segantinis Landschaft

Muottas Muragl–Segantinihütte–Alp Languard–Pontresina–Punt Muragl **4h**

Bergwanderung mit Ausblick auf die Seen- und Hochgebirgswelt des Oberengadins.

Fahrt mit Bahn: Chur 🚂–Samedan–Punt Muragl 🚡–Muottas Muragl
Fahrt mit Auto: Chur–Lenzerheide–Julier–Celerina–Punt Muragl (80 km)
Parkplatz: Punt Muragl

*G*IOVANNI *S*EGANTINI. Der berühmte, 1858 in Arco nahe dem Nordende des Gardasees geborene Maler hatte schon immer eine Vorliebe für ländliche Gegenden. 1886 bot sich ihm die Gelegenheit, mit seiner Familie nach Savognin im Oberhalbstein zu ziehen. 1894 verlegte er den Wohnsitz nach Maloja, um noch näher bei den Bergen und dem Licht zu sein. Das grosse Triptychon «Werden–Sein–Vergehen», ursprünglich eine Idee für die Weltausstellung von 1900 in Paris, sollte der Höhepunkt seines Schaffens werden. Doch durch eine akute Blinddarmentzündung wurde der erst 41jährige Künstler am 28. September 1899 auf dem Oberen Schafberg mitten aus seiner Arbeit gerissen. Das Triptychon und viele andere seiner Bilder sind im Segantini-Museum in St. Moritz zu bewundern, das 1908 nach einer Idee Segantinis für einen Pavillon zur obenerwähnten Weltausstellung erstellt wurde.

Von Punt Muragl benützen wir die Standseilbahn zum Aussichtspunkt **Muottas Muragl.** Von der Terrasse des Restaurants überschauen wir die Seenlandschaft des Oberengadins und die Gletscherwelt der Berninagruppe. Unser Weg führt zunächst leicht fallend über die Alpweiden im Val Muragl. Hier scheiden sich die Routen: der horizontal verlaufende Höhenweg über den Unteren Schafberg zur Alp Languard einerseits und der steile Aufstieg zum Oberen Schafberg, wo sich die **Segantinihütte** (Chamanna Segantini) befindet, ande-

rerseits. Hier weitet der Blick auf die Hochgebirgswelt des Oberengadins im Hintergrund des Bernina- und Rosegtales.
Für den Abstieg wählen wir den Felsenweg in südlicher Richtung, der über Las Sours die steile Flanke des Piz Muragl und Piz Languard traversiert und hinabführt zur **Alp Languard.** Von hier nach Pontresina besteht ein Sessellift.
Verschiedene Wege führen durch den Wald hinab zum Kurort **Pontresina.** Zurück nach **Punt Muragl** wählen wir den Fussweg entlang des Flazbaches.

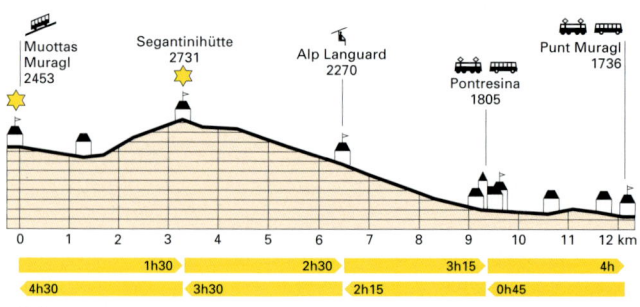

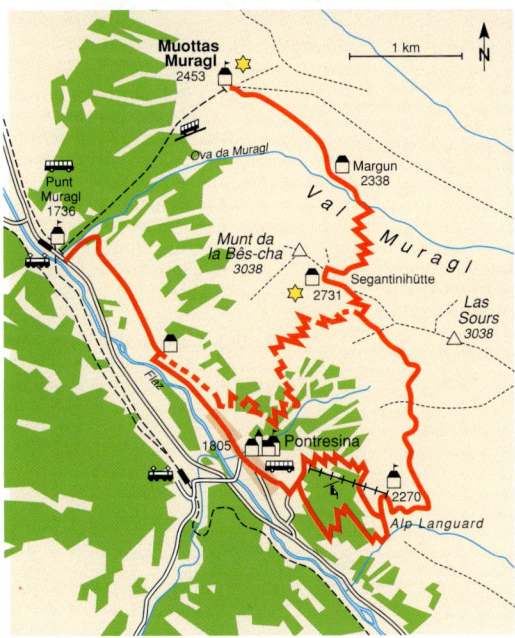

MUOTTAS MURAGL
BLICK AUFS
ROSEGTAL

Dieser hervorragende Aussichtspunkt gewährt einen Überblick über die gesamte Region des Oberengadins. Zu den Muottas Muragl besteht eine Standseilbahn von Punt Muragl an der Strasse Celerina–Pontresina. Das Rosegtal, das bei Pontresina in das Berninatal mündet, ist ein landschaftlich reizvolles Nebental, umringt von Hochgebirgsketten. Im Osten erheben sich die Gipfel der Bernina-gruppe, im Westen die Kette mit Piz Rosatsch, Piz Surlej und Piz Cor-vatsch. Im Hintergrund erkennt man über dem Roseggletscher die Sellagruppe. Ausgangs-punkte für Hochtouren sind die Coaz- und die Tschiervahütte. Vom Hotel Roseg führt der Weg zur Fuorcla Surlej.

Silvaplana–Sils Maria–Maloja–Silvaplana   6h30

Leichte Ufer- und Höhenwanderung in der Engadiner Seenlandschaft.

Fahrt mit Bahn und Postauto: Chur 🚂–St. Moritz 🚌–Silvaplana oder
                                 Chur 🚌–Julier–Silvaplana
Fahrt mit Auto: Chur–Lenzerheide–Julier–Silvaplana (71 km)
Parkplatz: bei Silvaplana

S ILVAPLANA, rätoromanisch Silvaplauna, spielte im Oberengadiner Verkehr immer eine wichtige Rolle, lag es doch an der Reichsstrasse Tirol–Maloja–Como sowie am Julierpass, der das Engadin mit Chur verbindet. Prächtige alte Engadinerhäuser wie die Chesa Güglia an der Julierstrasse gilt es zu entdecken. Untere Teile des Turmes der evangelischen Kirche stammen aus der Romanik. Den spätgotischen Chor mit Sterngewölbe baute 1491 Meister Steffan Klain, das Schiff wurde etwas später eingewölbt. Zu bewundern sind in der Kirche Malereien des Meisters von Fex und Rötelzeichnungen sowie der spätgotische Taufstein.

Von **Silvaplana** gelangen wir über die Strassenbrücke zum östlichen Seeufer und folgen dem Waldweg, der dem Silvaplanersee bis Las Plattas entlangführt. Über den Wiesenplan erreichen wir den Dorfteil **Sils Maria** am Ausgang des Fextales. Das Nebenflüsschen Fedacla trennte einst die beiden Seen durch seinen Schwemmfächer. Ein Abstecher zur Halbinsel Chasté mit der Gedenkstätte für den Philosophen Friedrich Nietzsche, der in Sils Maria mehrmals die Sommermonate verbrachte, lohnt sich. Nun folgt der Uferweg auf der Südwestseite des Silsersees zum Delta des Fedozbaches mit dem Weiler **Isola** und

schliesslich zum Dorfteil Creista bei **Maloja.** Zur Fortsetzung der Rundwanderung benützen wir den Pfad, der unmittelbar am westlichen Ende des Sees von der Strasse hinaufführt zur Wiesenterrasse von Blaunca und **Grevasalvas,** einem idyllischen Bergeller Sommerdörfchen. Auf dem Abschnitt Maloja–Grevasalvas überschauen wir die prachtvolle Seenlandschaft des Oberengadins und die Gletscherwelt im Hintergrund der Nebentäler im Süden. Oberhalb Grevasalvas finden wir die Fortsetzung des Pfades, der über eine Felskuppe in den lichten Lärchenwald von **Crappa** führt (nach Sils Baselgia

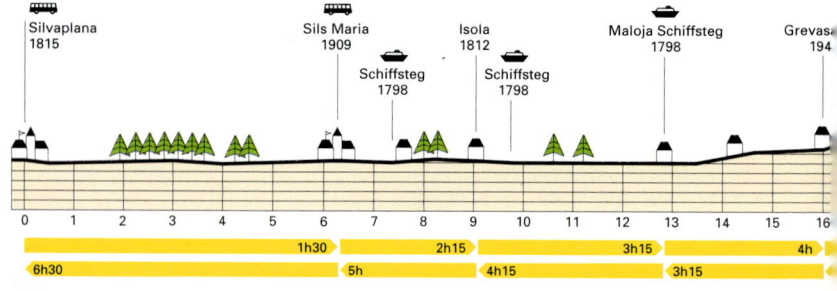

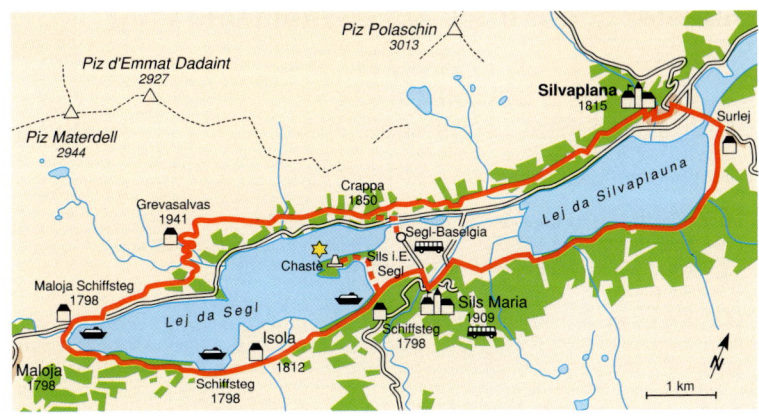

🚌 10 Min.). Oberhalb Sils Baselgia verläuft unser Weg weiter am Abhang über dem Silvaplanersee bis **Silvaplana.** Auf dieser Strecke wurden Reste des römischen Transitweges vom Julierpass zum Malojapass gefunden.

*S*ILSERSEE (*L*EJ DA *S*EGL)

Zwischen Sils und Maloja liegt der oberste Engadinersee mit den Zuflüssen aus den Seitentälern Val Fex und Val Fedoz. Bei Maloja mündet auch der junge Inn vom Lunghin her in den See. Im Süden erhebt sich der weithin sichtbare Piz da la Margna, «die vorgeschobene Schildwache des Oberengadins», ein berühmter Aussichtsberg. Auf dem Delta des Fedozbaches liegt das Sommerdörfchen Isola. Der beliebte Seeweg führt von Maloja über Isola bis Sils Maria und weiter am Ufer des Silvaplanersees entlang nach Silvaplana.

Variante

Von Maloja aus besteht die Möglichkeit, mit einem Motorboot über den Silsersee nach Chasté oder Sils Maria zu gelangen oder mit dem Postauto nach Silvaplana zurückzukehren.

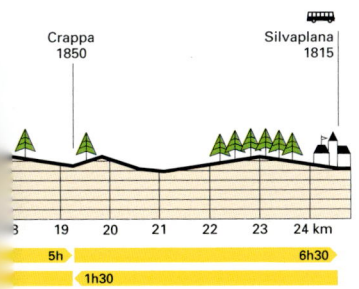

Station Bernina Diavolezza–Diavolezza–Arlas– Lej Pitschen–Station Bernina Diavolezza　6h30

Wanderung zum Aussichtspunkt vis-à-vis Piz Bernina und Piz Palü.

Fahrt mit Bahn: Chur 🚂–Samedan–Pontresina–Bernina Diavolezza
Fahrt mit Auto: Chur–Julier–St. Moritz–Bernina Diavolezza (92 km)
Parkplatz: bei der Talstation Bernina Diavolezza

*D*IAVOLEZZA. Im Tal zwischen Berninapass und Pontresina kennen wir vor allem zwei Aussichtspunkte, die einen umfassenden Blick auf die Berninagruppe gewähren und per Bahn zugänglich sind: Piz Lagalb und Diavolezza. Die Talstationen liegen zudem in nächster Nachbarschaft. Diavolezza (rätoromanisch Diavel = Teufel) war ursprünglich die Bezeichnung für die Geröllmulde an der Flanke des Munt Pers. Der Übergang Fuorcla da la Diavolezza wurde einst nur von Jägern benutzt. Seit dem Bau der Luftseilbahn besuchen unzählige Bergfreunde Sommer und Winter die Diavolezza, begeistert von der Pracht des mächtigen Piz Bernina, der vereisten Palü- und Bellavistagruppe.

Als Ausgangspunkt unserer Wanderung kann man sowohl Bernina Suot als auch **Bernina Diavolezza,** beides Stationen der Berninabahn, wählen. Letztere ist gleichzeitig Talstation der Luftseilbahn und Parkplatz. Bei Benützung dieser Luftseilbahn zur Diavolezza verkürzt sich die Wanderung um 2 h 30.
Ein gutausgebauter Saumweg führt die linke Talflanke hinauf zum **Lej da la Diavolezza** auf 2575 m Höhe. Das Seelein liegt in einem Felskessel am Fusse des Munt Pers. Zum Passübergang vom Bernina ins Rosegtal und zur Bergstation der Luftseilbahn **Diavolezza,** mit Restaurant, führt ein Pfad über einen Schuttrücken und ein kleines Firnfeld.

Hier, auf 2972 m, öffnet sich ein einzigartiges Panorama der Berninagruppe mit Piz Cambrena, Piz Palü, Piz Bernina, Piz Morteratsch und Piz Boval und ihren mächtigen Gletscherzungen.
Ein guter Pfad führt entlang des Grates zum **Munt Pers,** der zusätzlich den Blick nach Norden über das Berninatal freigibt.
Nach ausgiebigem Genuss der grossartigen Hochgebirgslandschaft steigen wir, zunächst denselben Pfad benützend, zurück zum Bergrestaurant und hinab zum Lej da la Diavolezza, wenden uns hier aber nach Süden und gelangen zum kleinen Seelein **Lej d'Arlas** (Arla = Hütte). Hier traversieren wir das Täl-

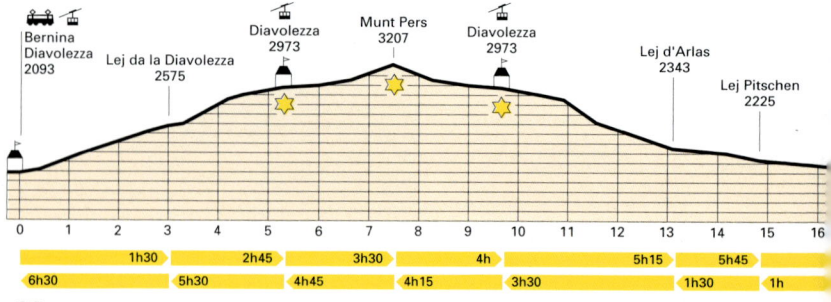

MUNT PERS, AUSBLICK AUF DIE BERNINAGRUPPE

Wie der Gletscher, so ist auch der Munt Pers benannt nach der Isla Persa (verlorene Insel) zwischen den Gletscherströmen. Der berühmte Aussichtsgipfel zählt zu den Erhebungen der Palü-Cambrena-Kette zwischem dem Morteratschgletscher und dem Berninatal und wurde schon früher durch Gemsjäger von allen Seiten bestiegen. Dank seiner vorgeschobenen Lage und leichten Zugänglichkeit von der Bergstation der Diavolezzabahn ist er das Ziel vieler Touristen. Von diesem Punkt überblickt man nicht nur die Landschaft des Berninapasses und das Berninatal bis Pontresina, sondern vor allem die Hochgebirgsszenerie der Berninagruppe: Piz Palü, Bellavista, Piz Bernina, Piz Morteratsch und Piz Boval mit den Gletscherströmen Vadret Pers und Vadret da Morteratsch.

chen Val d'Arlas und betreten die Alpweiden der Talsohle.

Beim **Lej Pitschen** (pitschen = klein) mündet der Pfad in den Wanderweg, der vom Berninapass durch das Val Bernina nach Pontresina führt. Folgen wir ihm talauswärts, so gelangen wir zu unserem Ausgangspunkt, der Station **Bernina Diavolezza,** zurück.

Variante

Vom Lej Pitschen, vorbei am Lej Nair, erreichen wir die Wasserscheide Po–Donau (und damit auch die Wasserscheide Adria–Schwarzes Meer) und folgen dessen Ufer bis zum Ospizio Bernina (45 Min.).

Zurück zum Ausgangspunkt gelangen wir mit der Berninabahn.

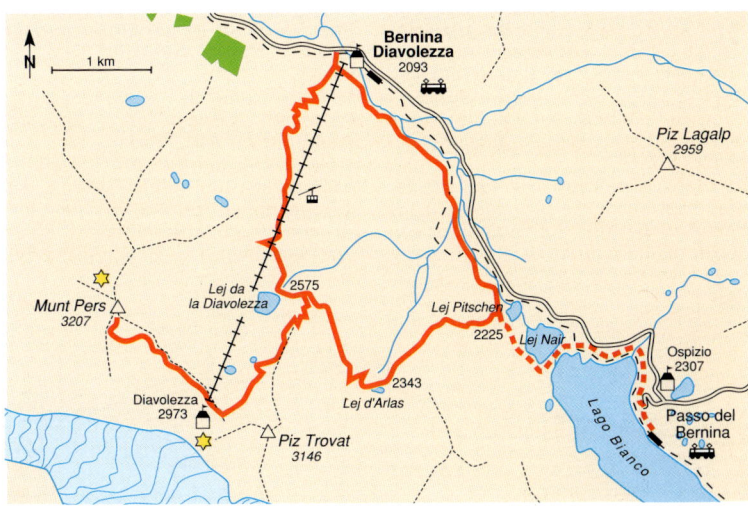

Hoch über dem Puschlav

Poschiavo–San Romerio–Viano–Brusio   **5h30**

Wanderung hoch über dem südlichen Alpental zwischen Bernina und Veltlin.

Fahrt mit Bahn: Chur 🚂–Samedan–Pontresina–Poschiavo
Fahrt mit Auto: Chur–Lenzerheide–Julier–St. Moritz–Poschiavo (116 km)
Parkplatz: in Poschiavo

P OSCHIAVO. Der Borgo (Dorfkern) des Hauptortes im Puschlaver Tal weist prächtige, von verschiedenen Kirchtürmen überragte alte Häuser auf: Palazzo Mengotti mit Talmuseum, Hotel Albrici und das Landolfi-Haus, in dem um 1550 die erste Druckerei Graubündens betrieben wurde. Nach Spanien ausgewanderte Puschlaver bezogen nach ihrer Rückkehr eine herrschaftliche Hausreihe mit Gärten, das Spaniolenviertel. Nicht das erste Mal, aber besonders verheerend wurde das Dorf im Sommer 1987 von Unwettern heimgesucht. Strassen, Plätze, die Stiftskirche San Vittore, Häuser und Geschäfte wurden anschliessend renoviert, so dass heute kaum mehr Spuren von den argen Verwüstungen zu finden sind.

Vom Bahnhof **Poschiavo** benützen wir zunächst die Strasse, vorbei am Spaniolenviertel und Ospedale bis *Cologna.* Oberhalb des Dorfes zweigen wir rechts ab und folgen dem südwärts verlaufenden Waldsträsschen über **Barghi** in das Val da Terman. Auf diesem Abschnitt überblickt man, wo sich der Wald lichtet, das Tal in seiner ganzen Ausdehnung und die Bergwelt von Piz Varuna im Norden bis zu den Bergamasker Alpen im Süden.

Aus dem Val da Terman windet sich der Pfad steil durch die bewaldete Flanke hinauf, wobei eine Höhendifferenz von 300 m zu überwinden ist. Nun führt der Waldpfad zu dem auf einer Felskanzel thronenden Kirchlein **San Romerio**, das bereits um 1055 erwähnt wird. Das ehrwürdige Gebäude wurde 1951–1953 durch Renovation vor dem Zerfall gerettet. Berühmt ist der Ort auch dank der umfassenden Aussicht, die er gewährt.

Die Fortsetzung unserer Wanderung ist ein steiler, holperiger Pfad, der über *Piaz* hinabführt zur **Alp Predasc.** Von hier aus folgen wir dem Fahrsträsschen über Maiensässe zum Dörfchen **Viano**, das auf einer hohen Terrasse über dem sich verengenden Talabschnitt des unteren Puschlavs liegt. Uns gegenüber erhe-

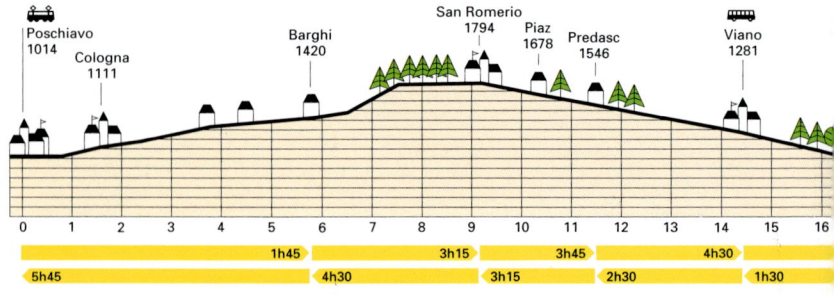

ben sich über dem waldreichen Val dal Saent die markanten Gipfel der Grenzkette zu Italien. Im Süden erkennen wir die Talsohle des Veltlins mit der Stadt Tirano und die ausgedehnten Rebkulturen an den Abhängen.

Von Viano wandern wir entweder entlang der Poststrasse nach **Brusio,** oder wir benützen den Postautokurs (auf der Post Viano anmelden, nur 8 Plätze). Zurück nach Poschiavo gelangen wir mit der Bahn.

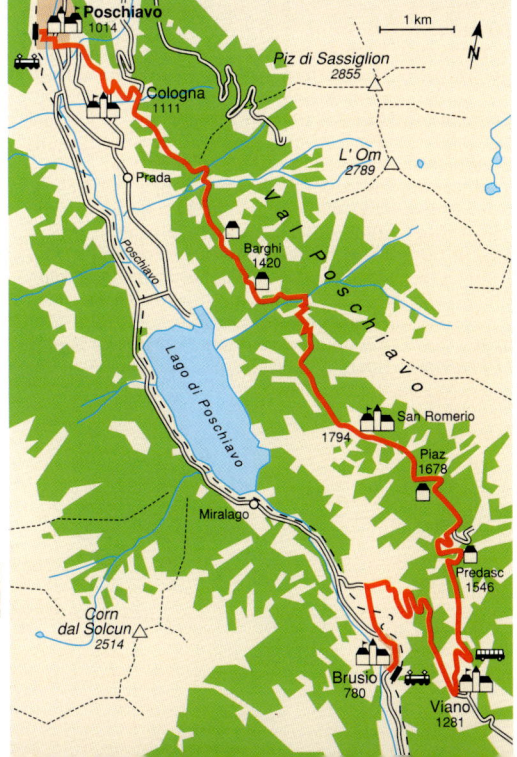

DAS PUSCHLAV (VALLE DI POSCHIAVO)

Dieses bündnerische Südtal greift wie eine Halbinsel weit in Italien vor und reicht vom Berninapass bis zum Veltlin. Die Landschaft wechselt in ihrem Verlauf vom Hochgebirge bis zur wärmeliebenden Vegetation, von der Gletscherwelt bis in die Region der Kastanien und Weinreben. Das Trassee der Rhätischen Bahn führt vom Berninapass über Alp Grüm und Cavaglia, die Strasse weiter westlich durch das Val Lagunè nach Poschiavo.

Das bedeutendste Nebental ist das Val da Camp, in dessen Hintergrund der reizvolle Bergsee Lago di Saoseo liegt. Zu den Perlen des Tales zählt auch der Lago di Poschiavo zwischen Le Prese und Miralago. Beidseits des Tales verlaufen aussichtsreiche Höhenwege.

Casaccia–Höhenweg–Soglio–Castasegna **4h30**

Genussreiche Höhenwanderung mit umfassender Aussicht auf die malerische Gebirgswelt des Bergells.

Fahrt mit Bahn und Postauto: Chur 🚂–St. Moritz 🚌–Casaccia
Fahrt mit Auto: Chur–Lenzerheide–Julier–Maloja–Casaccia (88 km)
Parkplatz: bei Casaccia

*C*ASACCIA. Der uralte Transitort Casaccia liegt, ähnlich wie Bivio, an der Verzweigung zweier Passrouten. Von Casaccia führt der Malojapass ins Oberengadin und zum Julier, der Septimer direkt nordwärts nach Bivio. Die reformierte Kirche wurde 1742 auf den Resten einer älteren, 1740 von einer Rüfe zerstörten Kapelle aufgebaut. Das alte, schon 1336 erwähnte Hospiz unweit der Kirche, «Cunvent» genannt, diente nach 1520 als Gasthaus für Durchreisende und wurde von der Rüfe ebenfalls teilweise zerstört. Seit 1970 gehört die Ortschaft politisch zu Vicosoprano.

Casaccia ist Ausgangspunkt unserer Bergeller Wanderung. Wie in den meisten Bündner Tälern wurde auch im Bergell eine Höhenroute ausgebaut und markiert.
Ihre Bezeichnung lautet «Sentiero Panoramico» oder «La Panoramica».
Vom Dorf wandern wir südwärts am Rande der Schwemmebene, rechtsseits der Maira, vorbei am Staubecken Löbbia bis zum Maiensässdörfchen *Roticcio.* Hier steigt der Weg an und verläuft im folgenden auf 1400–1500 m abwechslungsreich durch Waldpartien, Weideland und Bergwiesen, vorbei an den Maiensässdörfchen *Durbegia* (nach Vicosoprano 🚌 40 Min.) und *Parlongh*

(nach Coltura–Stampa 🚌 40 Min.) bis zum schönen Terrassendorf *Soglio.* Hier treffen wir malerische Dorfpartien an und bewundern die Palazzi der von Salis aus dem 16.–18. Jh.
Auf der ganzen Strecke des 14 km langen Höhenweges von Soglio aus bestaunen wir die einzigartige Zackenkette der Bondascagruppe mit Sciora, Gemelli, Cengalo und Piz Badile auf der gegenüberliegenden Talseite.
Von Soglio (nach Promotogno 🚌 35 Min.) steigen wir durch die Kastanienwälder hinab auf die Talsohle nach *Castasegna.*
Mit dem Postautokurs kehren wir zurück nach Casaccia.

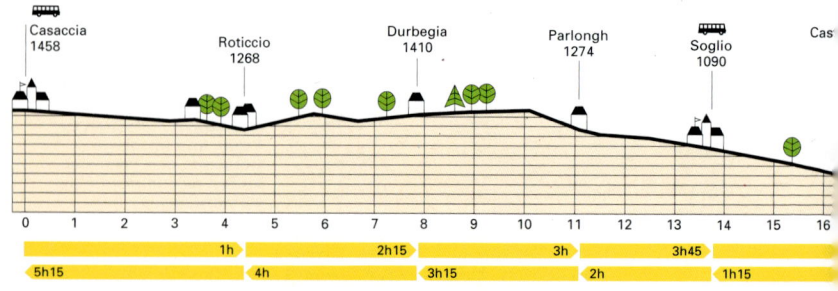

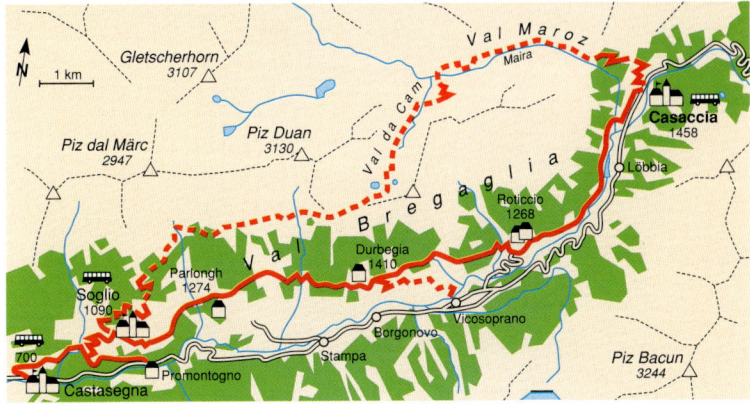

Variante

Ausdauernden und bergtüchtigen Wanderern kann von Casaccia folgende anspruchsvolle Route empfohlen werden: Casaccia – Val Maroz – Val da Cam – Plan – Lo – Höhenweg – Cadrin – Ahstieg nach Soglio. Diese Route beansprucht allerdings rund 8 h Marschzoit, wobei der Wanderer 1500 m Höhendifferenz zu überwinden hat.

DIE BONDASCA-GRUPPE VON SOGLIO AUS

Das Bergell (Val Bregaglia) verläuft in südwestlicher Richtung auf schweizerischer Seite vom Malojapass bis Castasegna und auf italienischem Gebiet bis Chiavenna im Veltlin. Nach der Steilstufe westlich von Maloja weitet sich die Talsohle bei Casaccia. Hier mündet auf der rechten Seite die einst bedeutende Septimerroute ein. Längs der Talsohle liegen die malerischen Dörfer Vicosoprano, Stampa, Promontogno, Bondo und Castasegna. Soglio liegt auf einer hohen Terrasse der rechten Talseite und zählt zu den schönsten Bündnerdörfern. Die südliche Grenzkette bilden die schroffen Felstürme der Bondascagruppe, die man vor allem von Soglio aus überblickt und die der Maler Segantini in seinen Gemälden darstellte.

DIE MACUNSEEN BEI LAVIN

In einem weiträumigen Gebirgskessel oberhalb der Alp Zeznina südlich von Lavin liegen die Macunseen. Über die Fuorcla da Barcli und den Munt Baseglia gelangt man nach Zernez.

Il Fuorn–Munt la Schera–Buffalora–Il Fuorn   **5h45**

Leichte Bergwanderung, die prächtige Ausblicke über das Parkgebiet und Livigno gewährt.

Fahrt mit Bahn und Postauto: Chur 🚂–Samedan–Zernez 🚌–Il Fuorn
Fahrt mit Auto: Chur–Landquart–Flüelapass–Zernez–Il Fuorn (100 km)
Parkplatz: Parkplätze 5, 6 an der Ofenpassstrasse

*N*ATIONALPARK. Er ist ohne Zweifel das meistbesuchte Wandergebiet im Unterengadin. 1909 wurde von Naturfreunden zu Errichtung eines Naturreservates eine Fläche von 22 km² gepachtet. Die gesetzliche Grundlage für den Schweizerischen Nationalpark wurde 1914 geschaffen. Die Tier- und Pflanzenwelt soll ganz ihrer freien, natürlichen Entwicklung überlassen bleiben und der wissenschaflichen Forschung zur Verfügung stehen. Heute hat der Park eine Fläche von 16 870 ha. Es ist selbstverständlich, dass man die bestehende Parkordnung unbedingt einhält; so dürfen z.B. die markierten Wege keinesfalls verlassen werden.

300 m westlich der Posthaltestelle **Il Fuorn** zweigt unser Pfad von der Strasse ab und führt durch die Wälder God dal Fuorn und God la Drossa die linke Talflanke hinauf zur **Alp la Schera.** Wir folgen dem Weglein, das über der Waldgrenze leicht ansteigend hinaufführt zu den Fops la Schera (Pt. 2338). Hier zweigt der Zugang zum **Munt la Schera** links ab.

Auf der Kuppe des Berges geniessen wir eine herrliche Rundsicht über das Livignotal mit seinem Stausee, die Gipfel jenseits des Val dal'Acqua, die Spölschlucht sowie die Gipfel der Wasserscheide zum Val Mingèr, Val S-charl und die Landschaft am Ofenpass. Wenige leicht zugängliche Gipfel des Nationalparkgebietes gewähren einen derart umfassenden Ausblick.

Der Abstieg erfolgt etwas weiter östlich zu unserem Höhenweg, der über die Parkgrenze zu den Alpweiden von Buffalora führt.

Von hier aus steigen wir hinab, vorbei an den Hütten der **Alp Buffalora** zur Posthaltstelle **Buffalora.**

Zurück zum Ausgangspunkt **Il Fuorn** besteht ein Wanderweg entlang des Baches Ova dal Fuorn. Man kann aber für diese Strecke auch das Postauto benützen.

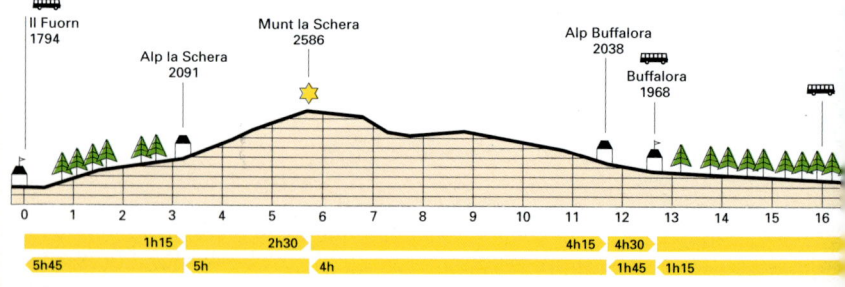

NATIONALPARK

Während vieler Jahre blieb das Parkgebiet eine abgeschiedene, stille Landschaft. 1929 wurde in Graubünden das Automobil zugelassen. Von da an nahm der Tourismus sprungartig zu. Bis 1962 versahen zwei Parkwächter ihren Dienst; heute sind es zehn. Zweck des Parkes ist vor allem die Forschung. Erforscht wird seit seiner Gründung neben dem Klima und der Geologie die Entwicklung der Tier- und Pflanzenwelt. Je ein Drittel der Parkfläche nehmen Wald, Naturrasen sowie Gesteinsschutt und Fels ein. Charakterbaum ist die aufrechte Bergföhre, die sich auf ehemaligen Kahlschlägen entwickelte, sowie ihre krumme Form, die Legföhre. Zum Tierbestand zählen hauptsächlich Hirsche, Steinböcke, Gemsen und Murmeltiere. Ein Besuch des Parkhauses in Zernez ist zu empfehlen.

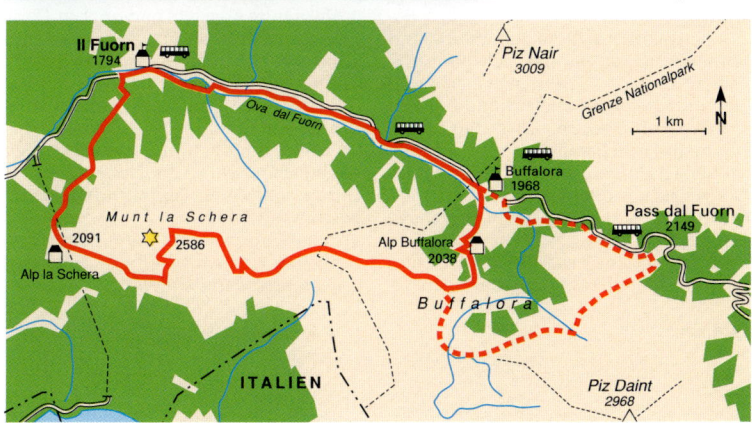

Variante

Bei Pt. 2194 auf der Alp Buffalora zweigt eine Route nach Süden ab und verläuft, leicht ansteigend, zum Fusse des Piz Daint und dessen Südflanke traversierend hinab zum Hospiz des Ofenpasses (Süsom Givè). Mit dem Postauto zum Ausgangspunkt Il Fuorn (1 h 30).

Lavin–Zeznina–Macun–Munt Baselgia–Zernez   **8h**

Anspruchsvolle Wanderung zu einer einzigartigen Seenlandschaft.

Fahrt mit Bahn: Chur 🚂–Samedan–Lavin
Fahrt mit Auto: Chur–Landquart–Flüelapass–Lavin (87 km)
Parkplatz: bei Lavin

LAVIN. Der Ortsname wird vom Wort «Lawine» abgeleitet; grosse Lawinenzüge finden sich östlich des Dorfes. Die Kirche am östlichen Dorfausgang, die Dorfteile Surpunt, Sut Röven sowie Plans entgingen der Brandkatastrophe vom 1. Oktober 1869. Beim Wiederaufbau des übrigen Dorfes wollte man einem ähnlichen Dorfbrand mit einschränkenden Baubestimmungen vorbeugen; es ist deshalb, ähnlich wie Zernez, nicht mehr in Engadiner Art wiedererstanden. Die vielen Flachdächer zeugen zudem vom damaligen Holzmangel.

Vom Dorf *Lavin* gelangen wir über die gedeckte Holzbrücke, 1921 von Richard Coray erbaut, zu den Wiesen von Pranun auf der rechten Talseite. Nun folgen wir dem weit ausholenden Waldweg über *Plan Surücha* zur *Alp Zeznina Dadaint.*
Zunächst führt der Pfad über Weideland talaufwärts und windet sich dann die Steilstufe empor, zuletzt über Geröll und Schutt zum weit ausladenden Seenplateau von *Macun.* Zwischen Moränenresten und Felshöckern findet man an die 15 kleinere und grössere Seen. Die Arena umgeben markante Gipfel: Piz Mezdi, Piz d'Arpiglias, Piz Sursassa und Piz Macun.
Vielfältig ist auch die Flora im Gebiet Zeznina–Macun. Am Rand der Seen fallen vor allem die Polster des Gletscherhahnenfusses auf.
Um die Gebirgskette zu überschreiten, welche den Kessel von Macun im Süden abschliesst, steigen wir zunächst hinauf zur *Fuorcletta da Barcli,* wo wir die umfassende Aussicht bewundern. Dank der vorgeschobenen Lage des Munt Baselgia überschauen wir das Inntal von Zernez aufwärts, das Spöltal, das Val Cluozza und im Hintergrund die stolzen Gipfel Piz da l'Aqua und Piz Quattervals im Nationalpark. Im Norden erkennen wir im Hintergrund die Nebentäler des Unterengadins die Gipfel und Gletscher des Silvrettamassivs.
Von der Fuorcletta da Barcli folgen wir zunächst westwärts einem Grätchen und steigen dann südwärts über einen

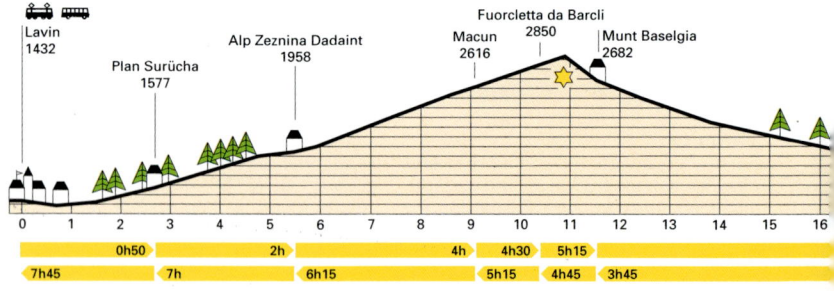

Schuttrücken hinab bis zum **Munt Baselgia.** Hier beginnt der Pfad durch die Lawinenverbauungen und mündet auf der Höhe der Waldgrenze in einen Fahrweg, der durch den **God Baselgia** nach Zernez führt.

Obwohl dem Inn entlang ein Wanderweg nach Lavin besteht, benützen wir, um zum Ausgangspunkt zu gelangen, die Bahn, haben wir doch in den letzten 8 Std. mehr als 1400 m Höhendifferenz überwunden.

Variante

Unternimmt man die Wanderung in umgekehrter Richtung von Zernez aus, besteht die Möglichkeit, mit einem Vierradantrieb-Fahrzeug zu den Lawinenverbauungen zu gelangen (Auskunft beim Verkehrsverein Zernez).

ZERNEZ, SCHLOSS WILDENBERG

Hier schneiden sich die wichtigen Verkehrsrouten: die Eisenbahnlinie St. Moritz–Scuol und die Strasse Davos–Flüelapass–Ofenpass–Münstertal. Zernez ist zudem die waldreichste Gemeinde Graubündens. Durch die verheerende Feuersbrunst von 1872 hat Zernez den Charakter des Engadinerdorfes weitgehend verloren. Zernez – am Anfang der Ofenpassroute – ist auch wichtiger Ausgangspunkt zum Nationalpark. Bemerkenswerte Bauten sind die frühbarocke Kirche am Ostrand des Dorfes und das Schloss Wildenberg.

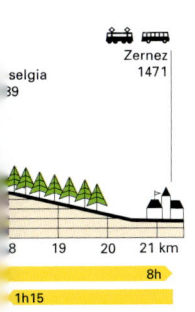

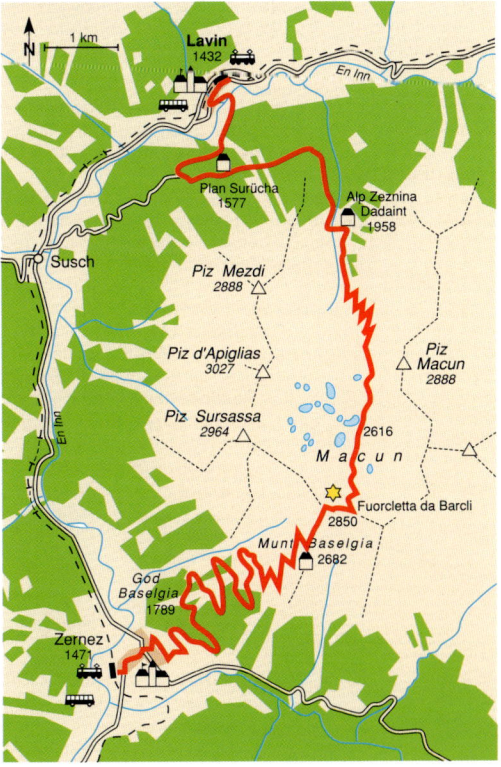

Pass Umbrail–Piz Umbrail–Lai da Rims–Sta. Maria **5h**

Eine herrliche Gipfel- und Seenwanderung im unteren Münstertal.

Fahrt mit Bahn und Postauto: Chur 🚌–Samedan–Zernez 🚌–Sta. Maria
oder Chur 🚌–Landquart–Davos 🚌–Zernez–Sta. Maria
Fahrt mit Auto: Chur–Landquart–Flüelapass–Ofenpass–Sta. Maria (124 km)
Parkplatz: in Sta. Maria

*S*TA. *M*ARIA ist ein typisches Passdorf, entstanden an den Verkehrswegen vom Ofenpass ins Val Venosta (Vinschgau) und über den Umbrail ins Veltlin. Kein Wunder, dass das Münstertal jahrhundertelang von Mächten umkämpft war. Im Winter wurde auch die weniger gefährliche Route durch das Val Vau und das Val Mora nach S. Giacomo di Fraele und Bormio begangen. Der Hauptort des Tales bestand ursprünglich aus Meierhöfen in der Nähe einer bischöflichen Marienkapelle, die erstmals 1167 erwähnt wird. Die spätgotische Kirche von Meister Andreas Bühler wurde 1492 vollendet und weist innen wie aussen Wandmalereien aus dem 15. und 16. Jh. auf. Der Kirchturm ist etwas älter.

Zu Fuss erreicht man den Umbrailpass von Sta. Maria aus abseits der Strasse durch das Val Teatscha über die Alpen Prasüra und Muraunza in knapp 4 Std. Es empfiehlt sich aber, für diese Strecke den Postbus zu benützen. Über den Fahrplan erkundige man sich bei der Società da Cura Sta. Maria. Platzreservation ist unerlässlich.
Ausgangspunkt unserer Wanderung ist das Zollhaus auf der **Passhöhe Umbrail.** Der markierte Aufstieg zum *Piz Umbrail* verläuft entlang der Landesgrenze, zuerst über die Rasenflanke, dann durch Schutt und Geröll zum Gipfel. Auf dieser Strecke erkennen wir die

Überreste der Stellungen aus dem Ersten Weltkrieg. Als vorgeschobener Eckpfeiler der Münstertaler Berge bietet der Gipfel einen grossartigen Blick auf Ortlergruppe, Ötztaler Alpen, Adamello- und Berninagruppe. In nächster Umgebung überblickt man sodann die Passstrassen über Umbrail und Stelvio (Stilfserjoch) mit dem berühmten Skigebiet.
Der Abstieg führt westwärts, durch das Val dal Lai zum Gebirgskessel des *Lai da Rims,* eines prächtigen Bergsees, umstellt von markanten Felszinnen.
Unser Abstieg führt in nordwestlicher Richtung direkt nach Tschuccai und

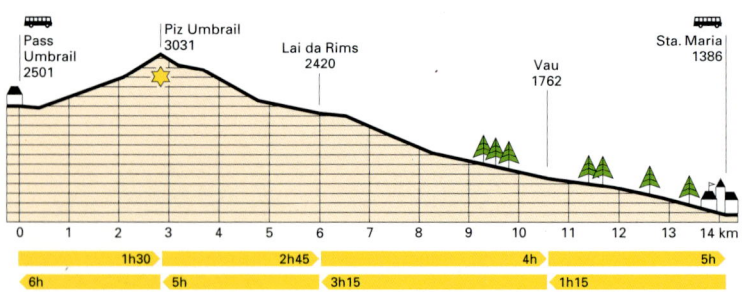

durch das Val Vau ins Haupttal zum Ausgangspunkt *Sta. Maria.*

Variante

Eine zweite, längere Route führt vom Lai da Rims westwärts über einen Sattel südlich des Piz Praveder zu den Alpweiden von Döss Radond und ostwärts ins Val Vau (2 h 30).

*L*AI DA *R*IMS IM *M*ÜNSTERTAL

Das alpine Seenplateau des Lai da Rims liegt oberhalb des Seitentales Val Vau, eingebettet in einen malerischen Gebirgskranz. Im Nordosten erhebt sich der imposante Gipfel des Piz Umbrail, eines berühmten Aussichtspunktes. Der durch einen Felsriegel gestaute See, umgeben von Geröllhalden und Alpweiden, ist ein typischer Dolinensee, entstanden durch einen Einsturztrichter. See und Alpweiden sind im Besitz des Klosters Müstair.

Alpwanderung im Samnaun

Compatsch–Alptrider Eck–Zeblas–Samnaun–Compatsch   **7h**

Leichte Bergwanderung im Grenzgebiet zwischen Graubünden und Tirol.

Fahrt mit Bahn und Postauto:
Chur 🚂–Samedan–Scuol 🚌–Samnaun-Compatsch
Fahrt mit Auto: Chur–Landquart–Flüelapass–Scuol–Samnaun-Compatsch (139 km)
Parkplatz: Compatsch oder Talstation der Luftseilbahn in Samnaun Ravaisch

S A M N A U N. Das Tal wurde ursprünglich vom Unterengadin her beweidet und später besiedelt; daher die vielen rätoromanischen Orts- und Flurnamen. Wirtschaftlich war das einsam gelegene Tal ganz auf Tirol ausgerichtet. In der Folge wechselte die Sprache allmählich vom ladinischen Idiom zu einem tirolerisch anmutenden Deutsch. Durch die Zentralisierung des schweizerischen Zollwesens in seiner Existenz arg gefährdet, wurde Samnaun 1892 Zollausschlussgebiet. Dies und die 1978 erstellte Seilbahn ab Ravaisch mit den Skiliften im Gebiet der Alp Trida liessen Samnaun zu einem attraktiven Fremdenort werden.

Von **Compatsch** oder Laret besteht ein Weg über die Bergwiesen von Vanal zur **Unteralp** und in westlicher Richtung ansteigend in den ausladenden Kessel der **Alp Trida.** Vom Skihaus und Bergrestaurant steigen wir südwärts hinauf zum **Alptrider Eck,** der Bergstation der Luftseilbahn. Benützen wir die Luftseilbahn von Ravaisch zum Alptrider Eck, verkürzt sich die Route um etwa 2 Std. Ein Abstecher zum nahen Piz Munschuns lohnt sich (45 Min.). Wir überblicken das Hochtal Samnaun in seiner ganzen Ausdehnung. Im Hintergrund der Nebentäler im Süden erheben sich die Gipfel der Wasserscheide gegen das Unterengadin, von denen der Stammerspitz und der Muttler die auffallendsten sind. Im Norden verläuft der Grenzkamm zu Tirol vom Zeblasjoch bis zum Grübelkopf. Das Gebiet der Alp Trida ist nicht nur ein beliebtes Wandergebiet, sondern auch ein Paradies für Skifahrer. Am Viderjoch findet es seinen Anschluss an das Wintersportgebiet von Ischgl in Tirol.

Unsere Route ist ein markierter Pfad über Alpweiden in westlicher Richtung zu den Planer Salaas und weiter unterhalb des Grenzkammes zur **Alp Zeblas.**

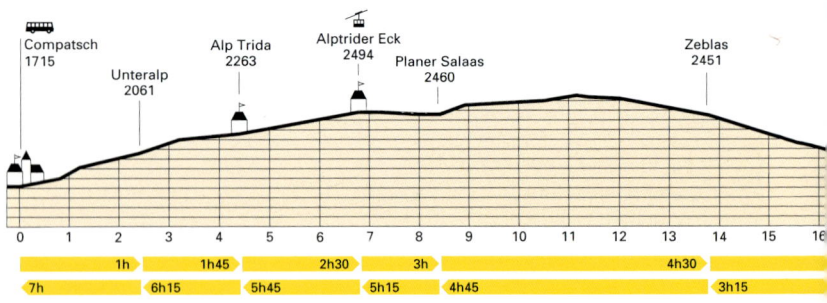

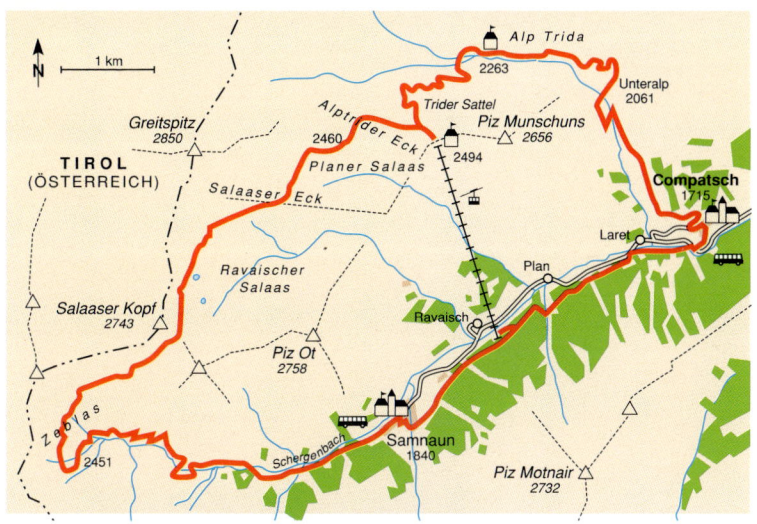

*S*AMNAUN

Das Samnaun ist das einzige ganzjährig bewohnte Seitental des Unterengadins. Zwischen Muttler und Stammerspitz führt die Fuorcla Maisas ins Unterengadin. Das ideale Wintersport- und Wandergebiet liegt auf dem Hochplateau zwischen Alp Trida und Zeblas. Dieses ist durch eine Luftseilbahn erschlossen.
Bis zum Strassenbau 1912 führte nur ein Saumweg über österreichisches Gebiet in das einsame Bergtal. Heute ist es ein beliebter Wintersportplatz.

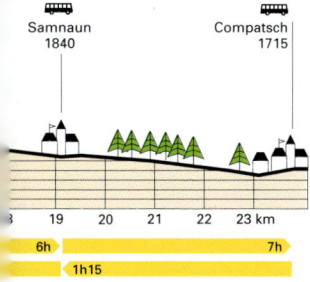

Hier, am Fusse des Pauliner Kopfes, wendet sich der Weg nach Osten. Entlang dem Schergenbach überwindet er die Talstufe und verläuft in der Talsohle zum Hauptort des Tales, *Samnaun.* Zur Talstation der Luftseilbahn bei Ravaisch und zum Ausgangspunkt *Compatsch* führt ein Fussweg am Hang der rechten Talseite (Postkurse).

CASTELLO DI MESOCCO

Auf einem mächtigen Felsklotz, der das Tal unterhalb Mesocco teilweise abriegelt, breitet sich die grosse Burganlage aus.

Im 12. Jh. waren die Sax Herren des Misox. 1480 ging die Mesolcina samt Burg an den Mailänder Gian Giacomo Trivulzio über. 1526 wurde die Feste durch die Bündner grösstenteils zerstört. 1922 erfolgte die erste Restauration. Vor wenigen Jahren wurden grosse Teile des Mauerwerkes gesichert und restauriert.

*V*AL D'*E*RR IM *O*BERHALBSTEIN

Wie viele kleine, wenig bekannte Seitentälchen, hat auch das Val d'Err seine besonderen Reize. Es mündet zwischen Tinizong und Rona ins Haupttal der Julia. Vom Maiensäss Pensa besteht sowohl eine Route über den Orgelpass nach Filisur als auch über die Fuorcla Tschitta nach Preda. Im Hintergrund des Tälchens bestehen zudem Zugänge sowohl zur Errgruppe als auch zu den Bergünerstöcken.

Alarmierung Rettungshelikopter
Alarm Telefon 01 383 11 11

Jedermann kann bei Unfällen und akuten Erkrankungen über die Alarmnummer rund um die Uhr Hilfe anfordern.
Fordern Sie den Rettungshelikopter mit dem Arzt an:

bei Unfällen mit Schwerverletzten, bei

– Bewusstlosigkeit (z.B. Schädelverletzungen)
– andauernder Atemnot (z.B. Brustkorbverletzungen)
– grossem Blutverlust
– Rückenverletzungen
– abgetrennten Körperteilen
– ausgedehnten Verbrennungen

bei akuten Erkrankungnn (z.B. Verdacht auf Herzinfarkt) **sowie bei**

– schwerverletzten Kindern
– mehreren sowie eingeklemmten Verletzten
– unwegsamem Gelände (Rettungswinde nötig)

Bitte bereiten Sie sich auf folgende Fragen vor:

1. **Was** ist **wo** und **wann** geschehen?
2. **Anzahl** Patienten und **Art der Verletzung?**
3. **Wetter** im Unfallgebiet (Horizont sichtbar)?
4. **Hindernisse** im Unfallgebiet (Kabel, Leitungen)?
5. **Braucht es eine Rettungswinde** oder besteht eine Landemöglichkeit?

Alarmierende haften nicht für die Kosten eines Einsatzes.

Der Helikopter bringt ein eingespieltes Rettungsteam mit Arzt und Bergungsmaterial direkt zum Patienten: Zuerst sichert der Arzt die **Transportfähigkeit des Patienten,** der dann unter ständiger medizinischer Betreuung in das **nächste, geeignete Spital** geflogen wird.

Durch die **frühzeitlge Alarmierung** (auch wenn der Einsatz eines Rettungshelikopters noch ungewiss ist) kann wertvolle Zeit gewonnen werden.

Mit dem Rettungshelikopter können Verletzte auch aus unwegsamem Gelände mit der Rettungswinde geborgen werden. Für eine Landung ist ein hindernisfreier Platz (Kabel) erforderlich.

 Signale für Rettungshelikopter

Wir brauchen Hilfe!   **Wir brauchen keine Hilfe!**

Achtung: Lassen Sie keine losen Gegenstände herumliegen. Nähern Sie sich dem Helikopter erst bei stillstehendem Rotor. Bleiben Sie dabei immer in Sichtverbindung mit dem Piloten.
Die Rega hilft nach den Grundsätzen des Roten Kreuzes. Sie hilft in Notfällen, auch wenn ihr niemand die Kosten ersetzt. An ihre Gönner stellt sie für medizinisch notwendige Einsätze im Rahmen der Gönnerbestimmungen keine finanziellen Forderungen.

Schweizerische Rettungsflugwacht Rega
Mainaustrasse 21, 8008 Zürich
Sekretariat: Telefon 01/385 85 85
REGA

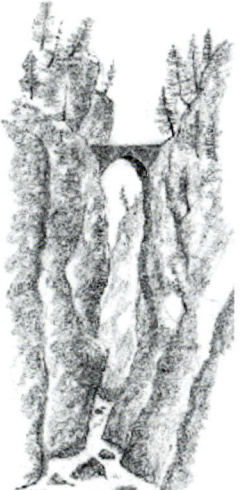

***D*IE *V*IAMALA**
«Via Mala», schlechter Weg, nannten die einheimischen Rätoromanen die malerische Schlucht des Hinterrheins zwischen Domleschg und Schams. Sagenumworben, ist sie heute eines der beliebtesten Touristenziele Graubündens.

Markierung der Wander- und Bergwanderrouten

Wege für jedermann. Können ohne besondere Gefahren mit gewöhnlichem Schuhwerk begangen werden.
Markierung: Gelb.

Wege für bergtüchtige Wanderer.
Zur Ausrüstung gehören wetterfeste Kleidung und geeignete Schuhe mit griffiger Sohle.
Markierung: weiss-rot-weiss.

Wege mit alpinen Gefahren. Leichte Kletterstellen oder Gletschertraversierungen. Alpine Ausrüstung.
Markierung: weiss-blau-weiss.

Die Markierung der **Wanderrouten** in der Schweiz und im Fürstentum Liechtenstein ist einheitlich und geschieht nach den von den «Schweizer Wanderwegen» aufgestellten Richtlinien. Sie besteht aus Wegweisern mit oder ohne Zeitangabe, Richtungszeigern, Rhomben und Farbmarkierungen.

Die angegebenen Marschzeiten basieren auf einer durchschnittlichen Leistung von 4,2 km in der Stunde auf flachem, gut begehbaren Gelände. Abweichungen bei Steigungen, Gefälle oder schwierigem Gelände sind mitberücksichtigt. Rastzeiten sind nicht eingerechnet.

Die Markierung der **Bergwanderrouten** unterscheidet sich von derjenigen der Wanderwege durch die weiss-rot-weisse Spitze des Wegweisers. Richtungszeiger und Farbmarkierung sind weiss-rot-weiss.
Bergwanderwege stellen grössere Anforderungen an den Wanderer. Bergtüchtigkeit, besondere Vorsicht, wetterfeste Kleidung und geeignetes Schuhwerk mit griffigen Sohlen.

*T*INZENHORN
Von der Albula-Seite her präsentiert sich hier das Tinzenhorn (Corn da Tinizong) mit Ela-Hütte und Orgelpass.

Nordorientierung mit der Sonne und der Uhr

Man halte das Zifferblatt der Uhr waagrecht und drehe es so, dass der kleine Zeiger gegen die Sonne gerichtet ist. Nun liegt Süden ungefähr in der Mitte zwischen dieser Richtung und jener des 12-Uhr-Striches und Norden auf der gegenüberliegenden Seite.

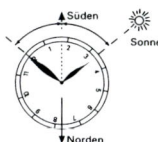

«Der Weg zur Gesundheit ist ein Wanderweg!»

Dieses geflügelte Wort beinhaltet viel: Wandern ist der Schlüssel zu Gesundheit und Erfolg.
Wandern heisst Begegnung mit Natur, Kultur und Umwelt.
Wandern ist der Weg zu sich selbst und zum Mitmenschen.

Wanderland erleben:

Wir sind stolz auf unser vorbildlich markiertes Wanderwegnetz. Wollen Sie Ihre Wanderwegerlebnisse vertiefen, helfen Ihnen ausführliche Wanderbücher und genaue Wanderkarten.

Was so alles dazugehört:

Achten Sie auf die Ausrüstung: Gute Wanderschuhe mit griffigen Sohlen sind die beste Voraussetzung für eine glückliche Heimkehr. Gute Dienste leisten auch Rucksack, Sonnen-, Regen- und Kälteschutz, Ersatzwäsche, Taschenapotheke, elastische Binden und Verpflegung.
Für Wanderungen in höhere Regionen können ausziehbare Wanderstöcke eine zweckmässige Hilfe während des Auf- und Abstieges sein. So bleiben den Gelenken unnötige Belastungen erspart.

Apropos Verpflegung:

Besonders geeignet sind Schwarzbrot, Trockenfleisch, Käse, Dörrfrüchte, Nüsse und Tee oder isotonische Getränke. Auch kleine verpackte Schokoladenportionen sind eine willkommene Abwechslung und stärken sehr rasch. Berggasthäuser und Bergrestaurants sind nicht immer geöffnet. Telefonieren lohnt sich!

Wanderland Graubünden

Das Land der 150 Täler bietet jedem Wanderer etwas:

– Leichte Talwanderungen im Churer Rheintal oder im Domleschg können, wenn kein Schnee liegt, fast zu jeder Jahreszeit unternommen werden.
– Talwanderungen in höheren Regionen und Höhenwanderungen den Talflanken entlang können vom späten Frühling bis in den Herbst hinein unternommen werden.
– Pass- und Gipfelwanderungen: je nach Ausaperung ab Ende Juni bis Herbst.

Wandern – der Weg zur Natur

Wandern Sie trotzdem auf den Wegen und nicht daneben! Halten Sie sich dabei an die markierten Routen.

Rücksichtsnahme grossgeschrieben

Jeder verantwortungsbewusste Wanderer schont Wälder, Wiesen und Felder, schliesst Weidegatter, achtet fremdes Eigentum, ist vorsichtig mit Feuer, gönnt den Tieren die Ruhe und nimmt die Abfälle mit nach Hause, nicht die Blumen.

Die unberechenbaren Berge

Verkennen Sie nie die Gefahren der Berge. Ein Wetterumschlag (Sturm, Regen, Gewitter, Schnee, Nebel) kommt schneller, als Sie denken.

Vom falschen Ehrgeiz

Wandern ist eine ausgewogene Erholungsart. Falscher Ehrgeiz und Überschätzung der eigenen Kräfte beeinträchtigen das Wandererlebnis!

Die sechs grünen Regeln

❶ Trag Sorge zu Blume, Baum und Busch!
Bewundere wildwachsende Blumen und Pflanzen am Wegrand, doch lass sie lieber stehen – denk an den Wanderer, der nach Dir kommt!
Bäume und Büsche sind lebende Wesen: Reiss deshalb keine Äste ab, und verletze ihre Rinde nicht! Jungwuchs und Hecken bedürfen besonderer Schonung, bilden sie doch Lebensraum für viele bedrohte Tierarten.

❷ Lass den Tieren ihre Ruhe!
Die freie Natur ist der einzige Ort, wo Mensch und Tier Ruhe und Erholung finden. Manche Tierarten sind schreckhaft und reagieren deshalb besonders empfindlich auf Störungen. Sei aufmerksam und rücksichtsvoll: Viele Tiere lassen sich bequem vom Weg aus beobachten. Und vor allem: Nimm Dir Zeit!

❸ Sei vorsichtig mit dem Feuer!
Ein Wald braucht 200 Jahre zu seiner Entstehung, aber nur wenige Stunden, um abzubrennen. Deshalb: Wirf Zündhölzer und Raucherwaren nicht weg, achte bei Deinem Feuerchen auf herumfliegende Funken und lösche es sorgfältig. Verzichte in trockenen Gebieten auf jegliches offene Feuer!

❹ Pass auf, wohin Du trittst!

Benutze nach Möglichkeit bestehende Wege! Trampelpfade sind unschön, und in den Bergen kann unachtsames Gehen gefährlichen Steinschlag auslösen. Nimm Rücksicht auf wildlebende Pflanzen und Tiere: Halte Deinen Hund stets unter Kontrolle!

Motorfahrzeuge gehören auf Strassen und Parkplätze: Flur- und Waldwege sind keine Durchgangsstrassen. Unterlasse Querfeldeinfahrten!

❺ Pack Deine Abfälle wieder ein!

Die Natur ist kein Abfallkübel! Papier, Plastiksäcke und Reste von Esswaren sind ebenso hässlich wie Zigarettenstummel, Konservenbüchsen und Bierflaschen. Zudem können Abfälle zur Gefahr für Mensch und Tier werden. Autowaschen und Ölwechsel in der freien Natur sind verboten!

❻ Nimm Rücksicht auf andere!

Jeder Wanderer soll die Schönheiten unserer Natur ungestört erleben können; dazu braucht es weder Transistorradio noch Motorenlärm.

Respektiere fremdes Eigentum: Zertrample nicht Wiesen und Felder, schliesse die Gatter hinter Dir und lass weidende Tiere in Ruhe! Und noch etwas: Auch Holzstösse und Obstbäume gehören jemandem!

Touristische Informationen

	Routen
Verkehrsverein *Andeer, Zillis* und Umgebung	13
7440 Andeer	
Tel. 081 61 18 77	
Kurverein *Arosa*	4
Poststrasse, 7050 Arosa	
Tel. 081 31 16 21	
Verkehrsverein *Avers*	15
7447 Avers-Cresta	
Verkehrsverein *Bergün*	8, 9
7482 Bergün	
Tel. 081 73 11 52	
Kur- und Verkehrsverein *Bivio*	11
7457 Bivio	
Tel. 081 75 13 23	
Ente turistico *Pro Bregaglia*	26
7605 Stampa	
Tel. 082 4 15 55	
Verkehrsbüro *Breil/Brigels*	19
7165 Breil/Brigels	
Tel. 081 941 13 31	
Verkehrsverein der Stadt *Chur*	2
Grabenstrasse 5, 7000 Chur	
Tel. 081 22 18 18	
Verkehrsbüro *Davos*	7, 10
Promenade 67, 7270 Davos-Platz	
Tel. 081 45 21 21	
Verkehrsbüro *Disentis*	21
7180 Disentis	
Tel. 081 947 58 22	
Verkehrsverein *Feldis/Veulden*	2
7404 Feldis	
Verkehrsverein *Filisur*	9, 10
7477 Filisur	
Tel 081 72 13 10	
Kur- und Verkehrsverein *Flims*	17, 18
7018 Flims-Waldhaus	
Tel. 081 39 10 22	
Verkehrsbüro *Klosters*	6
Alte Bahnhofstrasse, 7250 Klosters	
Tel. 081 69 18 77	
Verkehrsverein *Landquart und Umgebung*	1
Deutsche Strasse, 7302 Landquart	
Tel. 081 51 75 75	

Verkehrsverein *Lavin*	28
7543 Lavin	
Kur- und Verkehrsverein *Lenzerheide-Valbella*	3
Voa principala 68, 7078 Lenzerheide	
Tel. 081 34 34 34	
Verkehrsverein *Maienfeld*	1
7304 Maienfeld	
Tel. 081 302 58 58	
Verkehrsverein *Maloja*	23
7516 Maloja	
Tel. 082 4 31 88	
Verkehrsverein *Müstair*	27, 29
7537 Müstair	
Tel. 082 8 55 66	
Kur- und Verkehrsverein *Pontresina*	22, 24
7504 Pontresina	
Tel. 082 6 64 88	
Ente turistico *Poschiavo*	25
7742 Poschiavo	
Tel. 082 5 05 71	
Ente Turistico *Pro San Bernardino*	16
6565 San Bernardino	
Tel. 092 94 12 14	
Kur- und Verkehrsverein *St. Antönien*	5
7246 St. Antönien	
Tel. 081 54 32 33	
Società da cura *Sta. Maria/Müstair*	29
7536 Sta. Maria/Müstair	
Tel. 082 8 57 27	
Touristikverein *Samnaun*	30
7563 Samnaun	
Tel. 081 868 58 58	
Verkehrs- und Kurverein *Sils i.E.*	23
7514 Sils-Maria	
Tel. 082 4 52 37	
Kur- und Verkehrsverein *Silvaplana*	23
7513 Silvaplana	
Tel. 082 4 81 51	
Verkehrsverein *Splügen/Rheinwald*	13, 14
7435 Splügen, Tel. 081 62 13 32	

Verkehrsverein *Thusis*　12
Neudorfstr. 60, 7430 Thusis
Tel. 081 81 11 34
Kur- und Verkehrsverein
Tschiertschen　4
Gemeindehaus,
7064 Tschiertschen
Tel. 081 32 12 32
Verkehrsbüro *Vals*　20
7132 Vals
Tel. 081 935 12 42

Verkehrsverein *Versam-Arezen*　17
7105 Arezen
Verkehrsverein
Waltensburg-Andiast　19
Casa Cadruvi, 7158 Waltenburg
Tel. 081 941 10 88
Verkehrsverein *Zernez*　27, 28
7530 Zernez
Tel. 082 8 13 00

Wanderkarten 1:60 000　　BAW/Kümmerly+Frey

		Route
0811	Surselva	
	(Lugnez–Valsertal–Safiental)	2, 12, 17, 18, 19, 20, 21
0812	Hinterrheintäler	
	(Valle Mesolcina–Val Calanca–Avers)	12, 13, 14, 15, 16
0813	Prättigau-Albula	
	(Landschaft Davos–Schanfigg)	1, 2, 3, 4, 5, 6, 7, 10
0814	Untorengadin	
	(Samnaun–Nationalpark–Münstertal)	6, 27, 28, 29, 30
0815	Oberengadin	
	(Bergell–Bernina–Puschlav–Oberhalbstein)	8, 9, 11, 22, 23, 24, 25, 26

Holiday map 1:120 000

Graubünden: Ausflugs- und Touristikkarte

Landeskarte der Schweiz 1:25 000

Blatt 1155	Sargans	1	Blatt 1219	S-charl	27
Blatt 1156	Schesaplana	1	Blatt 1234	Vals	20
Blatt 1157	Sulzfluh	5	Blatt 1235	Andeer	13
Blatt 1159	Ischgl	30	Blatt 1236	Savognin	9, 11
Blatt 1174	Elm	18	Blatt 1237	Albulapass	8, 9
Blatt 1176	Schiers	1	Blatt 1238	Piz Quattervals	27
Blatt 1177	Serneus	5	Blatt 1239	Sta. Maria	27, 29
Blatt 1179	Samnaun	30	Blatt 1254	Hinterrhein	16
Blatt 1194	Flims	17, 18, 19	Blatt 1255	Splügenpass	14, 15
Blatt 1195	Reichenau	2, 17, 18	Blatt 1256	Bivio	11
Blatt 1196	Arosa	4	Blatt 1257	St. Moritz	22, 23
Blatt 1197	Davos	6, 7	Blatt 1258	La Stretta	24
Blatt 1198	Silvretta	6, 28	Blatt 1274	Mesocco	16
Blatt 1212	Amsteg	21	Blatt 1276	Val Bregaglia	23, 26
Blatt 1213	Trun	19, 21	Blatt 1277	Piz Bernina	23, 24
Blatt 1214	Ilanz	19	Blatt 1278	La Rösa	24
Blatt 1215	Thusis	3, 12	Blatt 1296	Sciora	26
Blatt 1216	Filisur	3, 9, 10	Blatt 1298	Lago di	
Blatt 1217	Scalettapass	8, 10		Poschiavo	25
Blatt 1218	Zernez	27, 28			

Register

*WANDERWEG
BEI TSCHIERTSCHEN*
**Tschiertschen liegt, wie
das benachbarte Praden,
auf einer Hangterrasse
südlich des Schanfiggs.**

Wanderbücher

Bern
3060 Die schönsten Berner Wanderrouten
3061 Laufental
3062 Berner Jura
3082 Jura bernois (f)
3063 Oberaargau–Bucheggberg
3064 Seeland
3065 Emmental
3066 Bern–Gantrisch–Schwarzenburgerland
3067 Thunersee
3068 Brienzersee–Oberhasli
3069 Jungfrau-Region
3081 Jungfrau-Region (e)
3070 Frutigland
3071 Simmental–Diemtigtal
3072 Saanenland
3073 Passrouten
3080 Eine Region bewegt sich

Graubünden
3601 Surselva/Bündner Oberland
3602 Hinterrheintäler–Misox
3603 Lenzerheide–Oberhalbstein–Albula
3604 Chur–Arosa–Bündner Herrschaft
3605 Landschaft Davos–Prättigau
3606 Unterengadin
3607 Oberengadin
3608 Bergell
3609 Puschlav
3610 Engadina/Engadine (i/f)

Wallis
3621 Aletsch–Goms–Brig–Simplon
3622 Leukerbad–Lötschental
3623 Visp–Zermatt–Saas Fee–Grächen
3624 Val d'Anniviers– Val d'Hérens–Montana (d)
3625 Val d'Anniviers– Val d'Hérens–Montana (f)
3626 Dents du Midi–Grand-St-Bernard–Les Diablerets (d)
3627 Dents du Midi–Grand-St-Bernard–Les Diablerets (f)

Tessin
3641 Lugano
3642 Locarno
3643 Tre Valli, Leventina–Blenio–Riviera
3644 Ticino/Tessin (i/f)

Westschweiz
3651 Jura (d)
3652 Jura (f)
3653 Freiburgerland (d)
3654 Pays de Fribourg (f)
3655 Jura vaudois (f)
3656 Est du Pays de Vaud (f)

Nordwestschweiz
3661 Regio Basel
3662 Solothurn
3663 Aargau

Ostschweiz
3671 St. Gallen–Appenzell–Liechtenstein
3672 Toggenburg–Churfirsten–St. Galler Oberland
3673 Glarnerland

Zentralschweiz
3681 Luzern–Pilatus–Rigi
3682 Hochdorf–Sursee–Willisau
3683 Entlebuch
3684 Obwalden–Engelberg
3685 Nidwalden
3686 Uri
3687 Schwyz
3688 Vierwaldstättersee

Durchgehende Routen
3401 Alpenpassroute
3402 Gotthardroute
3403 Mittellandroute
3404 Rhein-Rhone-Route
3405 Hochrheinroute
3406 Alpenrandroute
3407 Basel-Sion-Route
3408 Schwarzwald-Veltlin-Route
3409 Porrentruy–Grand-St-Bernard
3410 Jurahöhenwege (d)
3411 Chemin des Crêtes du Jura (f)

Rundwanderungen
3180 Mittelland–Jura
3181 Berner Oberland
3182 Graubünden
3183 Wallis
3184 Tessin
3185 Westschweiz
3186 Nordwestschweiz
3187 Ostschweiz
3188 Zentralschweiz
3189 Zürcherland

Wanderkarten

Bern
0801 Berner Jura–Seeland
0802 Emmental–Oberaargau
0803 Berner Mittelland
0804 Jungfrau-Region–Oberhasli
0805 Saanenland–Simmental–Frutigland

Graubünden
0811 Surselva
0812 Hinterrheintäler–Misox
0813 Prättigau–Albula
0814 Unterengadin
0815 Oberengadin

Wallis
0821 Aletsch–Goms–Brig–Simplon
0822 Visp–Zermatt–Saas Fee–Grächen
0823 Val d'Anniviers–Val d'Hérens–Montana
0824 Dents du Midi–Grand-St-Bernard–Les Diablerets

Tessin
0831 Tessin/Sopraceneri
0832 Tessin/Sottoceneri

Westschweiz
0841 Freiburg–Greyerz–Lausanne–Yverdon

Nordwestschweiz
0851 Solothurn

Ostschweiz
0861 Schaffhausen–Winterthur
0862 Zürich
0863 Thurgau–Bodensee
0864 St. Gallen–Toggenburg–Appenzellerland
0865 Glarnerland/Walensee

Zentralschweiz
0871 Luzern, Ob- und Nidwalden
0872 Schwyz–Zug, Vierwaldstättersee
0873 Uri

Jura
0881 Aargau–Basel-Stadt–Basel-Land–Olten
0882 Delsberg–Biel–Solothurn
0883 Chasseral–Neuenburg–Val de Travers–Ste-Croix
0884 Lausanne–La Côte–St-Cergue–Vallée de Joux

Holiday map
0901 Berner Oberland 1: 120 000
0902 Graubünden 1: 120 000
0903 Wallis 1: 120 000
0904 Tessin 1: 120 000

MTB-Führer
3301 BIKE-Erlebnis Schweiz Band 1
3302 BIKE-Erlebnis Schweiz Band 2

Velokarten
0501 Schaffhausen–Winterthur
0502 Zürich
0503 Bodensee–Thurgau
0504 St. Gallen–Appenzell
0505 Zug–Schwyz–Uri–Glarus
0506 Berner Oberland
0507 Basel–Aargau
0508 Luzern, Ob- und Nidwalden
0509 Oberaargau–Biel, Solothurn
0510 Bern–Thun–Fribourg, Emmental
0511 Franches-Montagnes, Ajoie–Laufental
0512 Neuchâtel–Pontarlier, Trois Lacs
0513 Lausanne–Vallée de Joux
0514 Lausanne–Bulle–Fribourg
0515 Genève
0516 Lugano–Bellinzona–Locarno–Varese
0517 Sargans–Chur–Domleschg
0531 Schweiz/Suisse/Svizzera 1: 275 000

Kümmerly + Frey